保育者養成シリーズ

幼稚園教育実習

林 邦雄・谷田貝公昭[監修]
大沢 裕・高橋弥生[編著]

監修者のことば

　周知のとおり、幼児期の保育の場はわが国では幼稚園と保育所に二分されている。幼稚園は文部科学省の管轄の下にある教育の場であるのに対し、保育所は教育を主体とする場ではなく、福祉の側面を備えた厚生労働省の下に位置づけられている。しかしながら、保育所は遊びを通じて情操を育むなど、教育的な側面をも包含していることは言うまでもない。

　このような事情から、従前より、幼稚園と保育所のいわゆる「幼・保一元化」が求められてきた。この動きは、社会環境の変貌とともにしだいに活発となり、保育に欠ける幼児も欠けない幼児も共に入園できる「認定こども園」制度として実現した。すなわち、平成18年に成立した「就学前の子どもに関する教育・保育等の総合的な提供の推進に関する法律」(「認定こども園設置法」)がそれである。

　今後、「総合こども園」(仮称)などの構想もあるが、こうした中で保育者は保育士資格と幼稚園免許の2つを取得するという選択肢が広がる可能性が高まっている。その理由は、総合こども園は、幼稚園機能、保育所機能、子育て支援機能(相談などが提供できる)を併せ持った施設で、既存の幼稚園と保育所を基本としているからである。

　監修者は長年、保育者養成に関わってきたものであるが、「保育学」「教育学」は、ある意味において「保育者論」「教師論」であると言えるであろう。それは、保育・教育を論ずるとき、どうしても保育・教育を行う人、すなわち保育者・教師を論じないわけにはいかないからである。よって、「保育も教育も人なり」の観を深くかつ強くしている。換言す

れば、幼児保育の成否は、保育者の優れた資質能力に負うところが大きいということである。特に、幼児に接する保育者は幼児の心の分かる存在でなければならない。

　この保育者養成シリーズは、幼児の心の分かる人材（保育者）の育成を強く願って企画されたものである。コミュニケーションのままならぬ幼児に接する保育者は、彼らの心の深層を読み取れる鋭敏さが必要である。本シリーズが、そのことの実現に向かって少しでも貢献できれば幸いである。多くの保育者養成校でテキストとして、保育現場の諸氏にとっては研修と教養の一助として使用されることを願っている。

　本シリーズの執筆者は多方面にわたっているが、それぞれ研究専門領域の立場から最新の研究資料を駆使して執筆している。複数の共同執筆によるため論旨や文体の調整に不都合があることは否めない。多くの方々からのご批判ご叱正を期待している。

　最後に、監修者の意図を快くくんで、本シリーズ刊行に全面的に協力していただいた一藝社・菊池公男社長に深く感謝する次第である。

平成24年7月吉日

監修者　林　　邦雄
　　　　谷田貝公昭

まえがき

　学校教育法は2007年の改正を受けて、それまで第7章に記されていた幼稚園の条項が第3章に移された。幼児期は、その後の学校教育の基礎を培う重要な時期である、と位置づけられたのである。それまで社会的に軽視されがちだった幼児教育の重要性が見直されたということなのであろう。この重要な時期を扱う幼稚園の教育は、高い専門性を持つ教師によって行われるべきである。さらに幼稚園教師は、知識・技術はもちろんのこと、その人間性も幼児に大きな影響を与えることとなるので、高い専門性の中には豊かな人間性も求められていることになる。

　養成校のカリキュラムには、そのような力を養うために必要な科目が組まれているわけだが、その中でも幼稚園における実習は非常に大きな役割を果たすと言えるだろう。なぜなら、幼稚園における実習はまさに、幼児の姿を目の当たりにし、幼稚園教師の保育技術や人間性をじかに体感できる、またとない機会だからである。さらに、実習の最終段階では、自らが子どもたちの前に立ち保育を進める機会もあり、自分が幼稚園教師として力を発揮できるのか、自分はこの仕事に適正があるのか、といったことを自らに問うことにもなるだろう。そのようなさまざまな意味で、幼稚園実習は重要な科目なのである。

　本書は、貴重な機会となる幼稚園実習が、学生にとって充実したものとなり、より多くのことを学び取ることができるようにという願いのもとに構成されている。第1章から第3章までは、幼稚園の定義やさまざまな教育方針、さらに実習の意義について触れ、幼稚園についての理解を深めることをねらいとしている。第4章から第6章では、実習の場となる

幼稚園の生活に関する理解、また実習の内容や留意点に触れ、幼稚園における教育実習に対する理解ができるように組まれている。第7・8章は、実習において必要となる記録や指導案に関する内容となっており、具体的な手順なども含めた実践的な理解を深められるようにしている。第9章では、事前準備などに関して、細かく具体的に記してある。第10章から第13章では、実習中のマナーや、子どもとの関わり、幼稚園教師からの学びなどについて、さらに、実習中における実践をいかに反省し高めていくかという点についても触れている。第14章では実習終了後の振り返りについて、その方法や重要性について触れ、第15章では認定こども園における実習について、認定こども園の保育の特徴を含めた内容としている。

　本書が、充実した幼稚園実習、さらに質の高い幼稚園教諭の養成の一助となれば幸いである。

　最後に、本書の出版を快く応じてくださった一藝社菊池公男社長、編集にご尽力いただいた森幸一さん、伊藤瞳さんに厚く御礼申し上げる。

平成24年7月

編著者　大沢　　裕
　　　　高橋　弥生

幼稚園教育実習●もくじ

監修者のことば……2
まえがき……4

第1章 幼稚園とは……9
第1節　教育施設としての幼稚園
第2節　幼稚園教育要領
第3節　幼稚園教諭の職務

第2章 幼稚園実習の意義……23
第1節　幼稚園実習を行う意味
第2節　実習の概要
第3節　実習の効果

第3章 さまざまな教育方針の幼稚園……35
第1節　特色ある教育理念を持つ幼稚園
第2節　仏教系幼稚園
第3節　キリスト教系幼稚園
第4節　その他の特色を持つ幼稚園

第4章 幼稚園の一日……49
第1節　幼稚園の一日
第2節　さまざまな保育
第3節　観察の心得

第5章 実習の内容……61
第1節　実習の種類
第2節　観察実習
第3節　参加実習
第4節　責任実習
第5節　自分自身の課題の明確化

第6章 実習に際しての留意点 …… 75
- 第1節　実習生の受け入れ体制
- 第2節　実習生としての注意点
- 第3節　実習生としての責任

第7章 日誌・記録の意義 …… 89
- 第1節　実習日誌・記録の必要性
- 第2節　実際の記入方法
- 第3節　日誌・記録の種類

第8章 指導案を作成する …… 103
- 第1節　指導案とは
- 第2節　「教育課程」と「指導計画」
- 第3節　指導案の作成の手順
- 第4節　指導案作成の留意事項と記入例

第9章 実習に向けての事前準備 …… 117
- 第1節　実習園の教育方針などを知る
- 第2節　実習園を訪問する
- 第3節　日常生活を見直す
- 第4節　実習前に準備しておくこと

第10章 実習生としての姿勢 …… 131
- 第1節　子どもとの関わり
- 第2節　保護者との関わり
- 第3節　実習生としてのマナー
- 第4節　身だしなみ、通勤、体調管理
- 第5節　プライバシーへの配慮

第11章 子どもとの関わり …… 143
- 第1節　実習の内容と子どもとの関わり
- 第2節　集団での関わりと個々との関わり
- 第3節　配慮を必要とする子どもとの関わり
- 第4節　子どもとの関わりにおける留意点

第12章 幼稚園教諭から学ぶ …… 155
- 第1節　言葉かけと環境構成を学ぶ
- 第2節　教育実習はまねることから始まる
- 第3節　教育実習は人間教育の場

第13章 実習の実践と反省 …… 167
- 第1節　責任実習
- 第2節　実践・反省・再考のサイクル
- 第3節　実習で使える遊びの実践例

第14章 実習後の振り返り …… 179
- 第1節　実習直後の振り返り
- 第2節　実習内容のまとめ
- 第3節　実習の評価
- 第4節　体験の共有化と目指す保育者像

第15章 認定子ども園での実習 …… 191
- 第1節　認定こども園成立のプロセス
- 第2節　認定こども園の実践例
- 第3節　認定こども園での実習

監修者・編著者紹介 …… 203
執筆者紹介 …… 204

第 **1** 章

幼稚園とは

大沢　裕

第1節　教育施設としての幼稚園

1. 幼稚園とは

　幼稚園が小学校に通う以前の子どもたちを教育する施設であることはよく知られている。しかし幼稚園とはどのような施設か、きちんと把握している人は必ずしも多くはない。幼稚園教諭を目指し、そこで実習をする限り、幼稚園とは何かを基本的に把握しておく必要がある。

　幼稚園は、学校の歴史と比べると、新しい施設だということになる。世界的に見ると、学校は、古代ギリシア時代、およそ紀元前600年前くらいから存在していただろうと言われている。しかし、幼稚園が世界で初めて創られたのは1840年である。ドイツのフレーベル（F. W. Fröbel, 1782～1852）が創立した。初めに創られたフレーベルの幼稚園は、ドイツの母親の母性を覚醒し、家庭教育を盤石にするという目的を持っていた。

　1840年以前の世間では、乳幼児は家庭で父母、祖父母、年長の兄姉、あるいは乳母が育てることが当然視されていた。しかし、教育の専門家ではない家庭の人々が育てるに任せることには限界があった。そこで望ましい幼児期の教育の仕方について、特に母親が学ぶ場が幼稚園であったわけである。

　歴史とともに、やがて幼稚園は、親子が同行して教育の仕方を学ぶ施設ではなく、家庭教育では果たし得ない重要な役割を担うようになった。例えば、同じ年齢どうしの子どもたちがおおぜいで交流することで得られる社会性の獲得、こうしたことは、家庭教育では果たすことが難しい目標である。

　幼児教育の重要性については、わが国の教育基本法第11条（2006年改

正）でも強調されている。「幼児期の教育は、生涯にわたる人格形成の基礎を培う重要なものであることにかんがみ、国及び地方公共団体は、幼児の健やかな成長に資する良好な環境の整備その他適当な方法によって、その振興に努めなければならない」。そして、この重要な役割を担う施設の一つが幼稚園である。

　わが国において初めて幼稚園が設立されたのは1876年である。フレーベルが幼稚園を設立してから36年後のことである。東京女子師範学校附属幼稚園と言った。この幼稚園は、フレーベル主義に基づく方針で運営された。当時、保姆と呼ばれる者が保育に当たり、父母などの付き添い人は不要とされていた。そしてこの幼稚園は、当時身分の高い家庭の子女が通う特別な教育施設であった。

　しかし、しだいに幼稚園は普及していき、戦後は学校教育法により、学校の一つとして位置づけられた。現状では、義務教育機関ではないものの、幼児教育施設の代名詞のような立場を担うようになった。

2. 幼稚園の組織

　法規的に見ると、幼稚園は学校教育法により、小学校より前段階の学校として位置づけられている。ちなみに、保育所は児童福祉施設であり、設置目的が異なっている。

　幼稚園の教育目的は、同法第22条に掲げられている。「幼稚園は、義務教育及びその後の教育の基礎を培うものとして、幼児を保育し、幼児の健やかな成長のために適当な環境を与えて、その心身の発達を助長することを目的とする」。すなわち幼稚園は、幼い子どもたちの成長を全体的に促す施設である。

　しかし、往々にして誤解されることだが、幼稚園は、小学校教育を円滑に進めるための単なる準備施設ではない。幼児期の子どもたちが小学校に入る前の準備をすることのためだけに生活するとしたら、それは幼児にとっても幸福なものとはならないだろう。幼稚園は、小学校の予備

教育というよりは、幼児期固有の生活を充実して展開させる機関である。幼稚園教育の意義は、幼児の生活を万全に営ませることによって、生を充実させ、子どもの能力を開花させ、その後の子どもの生活の基盤をしっかりと培うことにある。

　幼稚園は、公教育機関として認可された施設である。そうである以上、当然のことながら、幼稚園という施設にはさまざまな縛りが存在する。所管庁は文部科学省である。公立・私立があり、私立の認可は都道府県が行うことになっている。私立には学校法人による設置のほか、個人立の幼稚園もある。私立幼稚園では、建学の精神を重視するところも多い。公立は、自治体の方針を取り入れて運営していく傾向がある。

　幼稚園は満3歳から入園できることになっており、3歳児学級、4歳児学級、5歳児学級が編成される。しかし3歳児学級を設置していない幼稚園、また5歳児学級のみで編成されている幼稚園もある。ちなみに、入園を決定するのは幼稚園長である。1学級の編成は、原則35人以下となる。

　学級担任となるためには、幼稚園教諭免許が必要であり、この免許は2種、1種、専修と3種類に分かれている。まれに誤解されることもあるのだが、現在、幼稚園の教員は保母とは呼ばれない。

　教職員の職名としては、園長、副園長（教頭）、教務主任、主任、教員、事務員、技術職員（バス運転手等）、助手などがあるが、事務員が置かれず教員が兼務する場合、また技術職員や助手などを置かない場合もある。

　1日の保育時間は4時間が基準となっている。しかし、保護者の要望に応じて、規定の時間を過ぎても保育を続ける「預かり保育」をする幼稚園も増えてきた。年間の教育日数は、原則として39週以上である。日曜・祭日の他、土曜日を休みとし、週5日制とするところも多い。夏休み、冬休み、春休みを設定している幼稚園が大半である。

　保育料は原則保護者負担であり、同一学年では一定額である。ただ、

学年によって保育料に差がある場合もある。なお保護者に対して、市区町村から就園奨励補助金などが出ているケースも見られる。

　幼稚園には、教科書も教科もない。また通常は、教壇や教卓もない。小学校で教室と称されるところは、幼稚園では保育室と呼ばれる。校舎に当たるものは園舎、校庭に相当するのは園庭である。幼稚園は、小学校、中学校、高等学校とは異質の、独自の施設である。幼稚園の設備は、「幼稚園設置基準」によって定められている。その第9条では、職員室、保育室、遊戯室、保健室、便所、飲料水用設備、手洗用設備、足洗用設備の設置が義務づけられている。またこの基準には、「幼稚園には、学級数及び幼児数に応じ、教育上、保健衛生上及び安全上必要な種類及び数の園具及び教具を備えなければならない」（第10条）と明記されている。

第2節　幼稚園教育要領

1．幼稚園教育要領の位置づけ

　幼稚園では、私立・公立を問わず、地域に根ざし、在園している子どもの特性に応じた特色ある教育を行っている。しかし幼稚園が認可された学校の一つである以上、どんな教育をしてもよいというわけではない。そこで、幼稚園における教育課程の基本的な枠組みを定めた基準、これが幼稚園教育要領である。小学校の学習指導要領に相当する。ちなみに幼稚園教育要領は、狭義の法律というよりは文部科学大臣告示となっている。法的拘束力を持ち、幼稚園は全てこの要領に準拠する義務を負う。第二次世界大戦後に策定されたものであるが、いくたびかの改訂を経た。最新の要領は2008年に改訂を受けたものである。

幼稚園教育要領の総則冒頭には、「幼児期における教育は、生涯にわたる人格形成の基礎を培う重要なものであり、幼稚園教育は、学校教育法第22条に規定する目的を達成するため、幼児期の特性を踏まえ、環境を通して行うものであることを基本とする」と記載されている。ここで重要なことは、第1に、狭義の児童期とは違う幼児期の特性に着目すべきことが求められ、第2に、環境を通して行う教育であることが明記されていることである。

　幼児期の特性については、さまざまに解釈されうる。快・不快を行動基準として生き、知的・情緒的・身体的力がいまだ未分化な状態としてあることを指すものと考えられる。子どもは、精神的な面と身体的な面が相互に絡み合い、一様ではない経過をたどって発達していく。また家庭内で育った幼児は、それぞれに生活経験が異なっており、個々の子どもの特性は非常にさまざまであり得る。

　また幼児は、大人や他者との安定した人間関係の中でこそ情緒を安定させる。この情緒の下でこそ、幼児は自己を十分に発揮する。そして自己を発揮することが、すなわち発達に必要な体験を得ていくということである。

　しかも幼児の自発的な活動は「遊び」という形態をとって現れる。遊びを通しての指導、これが幼稚園教育の中心である。小学校以上の学校で行われるような、一斉授業といった方法は幼稚園にはふさわしくない。

　ある意味、小学校では教師は、教科書・教材を媒介とし、教師は生徒と直接対峙する。授業という営みは、教師と生徒との直接的な相互作用に基づく。これに対して幼稚園教育は異なっている。幼稚園教師は、子どもの主体的な遊びが展開するよう、環境を構成すると同時に、自ら人的環境として、環境の一部になるのである。幼稚園の教育は間接的な教育であり、この教育には、非意図的・偶然的影響も多分に含み込むものである。例えば、子どもどうしのけんかは、それ自体積極的に奨励するものではないが、人格的成長の要素として不可避のものと考えることが

できる。自我と自我とがぶつかり合う中で、人間としての生き方を学んでいくことができるからである。

2. 教育内容

　しかしだからといって、幼稚園教育は放任の教育ではない。幼児一人ひとりの行動の理解と予想に基づき、計画的な環境構成が求められる。幼稚園教育要領では、各幼稚園ごとに、「創意工夫を生かし、幼児の心身の発達と幼稚園及び地域の実態に即応した適切な教育課程を編成」しなければならない、と規定している。教育課程は、幼児の在園期間を見通した全体的な計画のことである。教育課程は、園長の責任で全教職員が携わって編成する。したがって、実習生はこれを参考にさせてもらうことはあるが、自ら作成することはない。

　この教育課程を基盤にして具体的に立てられる計画が、指導計画と呼ばれる。幼稚園教育要領では、「指導計画は、幼児の発達に即して一人一人の幼児が幼児期にふさわしい生活を展開し、必要な体験を得られるようにするために、具体的に作成すること」と記されている。

　指導計画は、年間・期間・月間などの長期計画、週案・日案・細案などの短期計画に大別される。指導計画は各学年の担当教員が作成する。幼稚園で実習をすると、実習生は、週案などを参考に指導案を作成することを求められる。

　これらの計画を作成するとき、念頭に置かなければならないのが保育内容である。小学校以上の学校で教科と呼ばれるものは、幼稚園には存在しない。幼稚園では、保育内容は領域という言葉で仕分けられている。領域は5つあり、幼児の発達の側面から、心身の健康に関する領域「健康」、人との関わりに関する領域「人間関係」、身近な環境との関わりに関する領域「環境」、言葉の獲得に関する領域「言葉」、感性と表現に関する領域「表現」としてまとめられている。

　幼稚園教育要領では、この5領域はそれぞれ「ねらい」、「内容」、「内

容の取扱い」によって仕分けられている。「ねらい」とは、幼稚園修了までに育つことが期待される、生きる力の基礎となる心情、意欲、態度などである。「内容」は、ねらいを達成するために指導する事項である。

しかしここで注意しなければならないことは、領域は、教科とは違い、小学校における時間割のような区分によって構成・運用されるものではない、ということである。幼児の遊びは、さまざまな領域の視点から捉えることができる。例えば、砂場で砂山を作る子どもは、身体を動かすという意味では「健康」と関わっているし、他の子どもといっしょに遊んでいる限り、「人間関係」の視点から見ることもできる。また砂を自然界の素材と考えれば、「環境」の領域に関わっているとも言える。また他の幼児と会話をする子どもは「言葉」の領域に踏み込んでいる。あるいは砂山を一つの表現だと考えれば、この遊びは「表現」と関係していると見ることもできるのである。

幼稚園教育においては、子どもの素質・個性を伸ばし、かつまた社会性を涵養するという観点から、さまざまな体験を積み重ねることが重要であり、いずれかの領域に著しく偏るような保育内容の編成は、幼稚園教育の基本から逸脱することにもなる。これは幼稚園教師だけではなく、実習生も視野に入れなければならない事柄である。幼児に関わり実習をするという観点から、実習生は5領域の総合的な視野に立って幼児を理解し、計画を立てていくことが望ましい。

第3節　幼稚園教諭の職務

1. 仕事内容

幼稚園教諭の職務内容の第一義は、幼児の生活を充実させ、その心身

の発達を促すことに全力を注ぐ、ということである。それは非常に崇高な使命である。幼稚園教諭の仕事が単に子守の延長にすぎないと見なされるとすれば、それはまことに遺憾なことである。また単なる労働者ではなく、尊い生命を預かる聖職に就いているという使命感・自覚が必要である。

　特定の知識や技術を伝達するだけ、というのなら、その伝達手腕を持っている人間であれば、事を達成するのはさほど難しいことではない。しかし幼稚園教育では、温かいまなざしを持って子どもと触れる人間性が求められる。それは、教諭自身が持っている人格である。幼児教育は、人格と人格との触れ合いによって成り立つ。人柄こそが幼稚園教育の要だと言ってもよい。

　しかし人柄が良いというのは、幼稚園教諭としての必要条件であって、十分条件ではない。幼稚園教諭には、卓越した倫理観が求められる。相手が幼児だからといって保育という仕事を軽く考えてはならない。教師の一挙手一投足を子どもたちは目を凝らして眺めている。そして彼らは、教師のする一つ一つが良いことだと信じているのである。物事の善悪判断が的確にできるだけでなく、それを実際にやってみせ、実践することこそ、幼児教育者の仕事である。人が見ていないからといってルールを破る、規範意識の弱い教師は、幼児教育に携わる者として著しく適正を欠くと言わざるを得ない。

　幼児教育に携わる者として必要なのは、子どもを理解する、ということである。もちろん、子どもを理解することで保育の仕事が完遂するわけではない。しかし仕事の大前提として、徹底した子ども理解というものがある。一方では発達心理学などを参考に、子どもの発達段階について熟知していることが必要である。しかし理論的な発達段階は、子ども一般の特徴を示しているにすぎない。実際に幼児教育者が関わるのは、個別的で、全く異なったそれぞれの性格・特徴を持った現実の子どもたちである。したがって、目の前にいる子どもを徹底的に知ることが必要

である。それは子どもの興味・関心、性格、クセ、これまでの生活体験、子どもどうしの人間関係の実際など多岐にわたる。一人ひとりの子どもごとの行動を細かく記述する個人行動記録をとることなども、子ども理解のための一つの良い手法である。

　子ども理解とともに必要なのは、子どもの遊びを促し、生活を営ませるための指導技術である。言葉かけから始まり、集団時の指導法、個別的な指導法、ピアノ技術、基本的生活習慣のそれぞれに応じた働きかけなどを適切に行う必要がある。いずれかに偏って技術を習得するのではなく、調和のとれた指導技術が必要であり、その獲得のためには、ある程度の年月・経験を経ることが必要となる。

　子育てをしている以上、けがはつきものと考える人もいる。しかし、子どものけがについては軽率に考えてはならない。軽いけがでも、それが幼稚園で起これば、幼稚園の責任である。またけがを子どもにさせることは、保護者の不信感を募らせる元にもなる。重大事故につながらないよう、保育者は万全の注意・配慮をしなければならない。子どものけがを防止することは、保育者の重大な仕事の一つである。また病気の兆候があったら、それを見逃してはならない。即時の対応が、病気を悪化させないことにもなる。アレルギーを持つ子どもたちも多くなった。そうした子どもたちを守るためにも、きちんとした情報を把握し、適切に対応する能力が教師には求められる。

　幼稚園教諭をしていると、子どもや保護者にまつわるさまざまな情報が耳に入る。また紙面からそれを知ることもある。しかし幼稚園教諭である限り、こうした個人情報は決して外に漏らしてはならない。住所録の入ったパソコンのメモリをなくしてしまい、大問題になった事例もある。きちんとした情報管理は、保育者の仕事に入る。教職員間で共通のルールを作ることが必要であり、実習生はそのルールに準拠しなければならない。

　保育の世界に「3年間、保育を実践・経験しなければ、一人前にはな

れない」という言葉がある。1年目は全てが初心者、2年目になって自分の改善点を修正し、3年目になって落ち着くというたとえだろう。しかし、保育の仕事は奥深い。表面的には一人前になったとしても、人間である限り、絶えず改善点は残るであろう。

　企業経営等で、PDCAという言葉がある。P（Plan）計画→D（Do）実行→C（Check）評価→A（Action）改善、という意味である。本来は、工場などでビスなどを製作するとき、その精度を上げていくための活動サイクルである。もちろん、物品を製作する仕事と人を扱う仕事の質は、大きく異なる。しかし制約付きで、保育の世界に適用して考えることもできる。すなわち、保育の計画を実践したなら、それを自己自身で評価し、あるいは他者からの評価を受け、改善点を修正し、さらに質の高い保育を行っていくという活動の繰り返しである。実習生の活動サイクルも、基本的に同じである。

2. さまざまな仕事

　幼稚園の保育時間が原則1日4時間であることから、勤務時間の少ない仕事のように受け取られる傾向もないではない。しかし、実際にはそうではない。子どもが登園する前から、換気、採光、動植物の世話、清掃を含めた環境設定は必要である。子どもが降園してからも、保育室の掃除をする以外に、多様な仕事を教師は引き受けなければならない。重要な行事の前には、深夜近くまで勤務することもある。ただでさえ、子どもと接するときにはエネルギーを消費する。さらにそれに加えて、多様な仕事をこなさなければならない。

　勤務のうえで遅刻・早退などは、他の教職員に多大な迷惑をかけることになる。まずは誠実な勤務態度が求められる。また、たとえ体調を崩したとしても、担任は通常一人しかいない。とっさに他の教師が保育を代行することもありうるが、子どもたちは担任の保育を待ち望んでいる。したがって、基礎体力をつけるのはもちろんのこと、日頃から体調管理

には、殊の外、気をつけなければならない。実習生も当然のことながら、きちんとした体調管理が求められる。

　幼稚園教諭の仕事は多岐にわたり、万能選手であることが求められる。情報機器の基本的操作の仕方を幼稚園教師は習得していかなければならない。各種指導計画はもとより、園だより、クラス通信、行事の知らせなど、今や多くはパソコンを使って作成される。また、住所管理を含めたデータベースを作成している幼稚園もある。指導要録をパソコンで入力して作成している幼稚園さえある。実習生も、そうした情報処理能力を身につけることが望まれる。

　通常、クラス担任は一人であることから、幼児教育の仕事は単独プレーのように思われるふしもある。しかし実際はそうではない。教師は、自分のクラスの子どもだけを見ていればよいわけではなく、園全体の子どもたちを見ていなければならない。そして他のクラスの子どもであっても、気づいたこと、伝えなければならないことが出てきたら、速やかにそれを担任に伝えなければならない。教師間での情報の共有が必要であるし、お互いが他のクラスの子どもたちの状況を知り、伝え合うことで、より高い質の保育が実践されていく。チームプレーができるような人間関係構築能力を教師は持つ必要があり、それが仕事を果たしていくうえでの必須の条件となっていくのである。実習生も感化を受けることになる。

　幼稚園教諭は、子どもと関わっていさえすればよいというものではない。子どもの保護者との関わりが必然的に求められていく。例えば、幼稚園で子どもがけがをしたとすれば、たとえささいなものであったとしても、保護者になんらかの手法で連絡しなければならない。病気の兆候があったときも同様である。また、その子が幼稚園でどんな一日を過ごしたのか、保護者は当然知りたがっているし、そうした情報を保護者に伝えることは、家庭と幼稚園で協力して子育てをしていくという意味でも重要である。

最近では、理不尽な要求を突きつける保護者も目立つようになった。理不尽な要求には、屈する必要は決してない。教師としては、きめ細やかな、手を抜かない、丁寧で親切な対応が求められる。結果として、望ましい子どもの発達が目標なのであるから、保護者に対する適切な対応能力が求められる。実習生も、保護者に対して誠実な姿勢を見せなければならない。

　幼稚園は単独で機能する施設ではない。時系列的には、幼稚園は、家庭と小学校の中間に位置する施設である。また、目的が異なっているとはいえ、保育所とも無関係ではない。教師は、小学校や保育所との連絡係を務めるという役割も担うことなる。

　かつての幼稚園では、地域から隔離された幼児の園(その)といった趣がないではなかった。しかし、現在の幼稚園はそうではない。地域の中の幼児教育施設として、多様な情報発信、また協力が求められている。多くの幼稚園では、在園児でない親に対しても、子育て相談コーナーあるいは相談時間を設け、相談に応じている。また、地域の中で特色ある活動・仕事を行っている人物を幼稚園に呼び、子どもと触れさせる機会を積極的に作っている幼稚園もある。実習生として幼稚園に赴いたとき、幼稚園が地域と密接に関連した施設であることを、体験することになるであろう。

【引用・参考文献】
　　乙訓稔編著『幼稚園と小学校の教育——初等教育の原理』東信堂、2011年
　　文部科学省『幼稚園教育要領解説』フレーベル館、2008年
　　谷田貝公昭・林邦雄・成田国英編『教育基礎論』一藝社、2001年
　　Max Scheler, *Die Stellung des Menschen im Kosmos*, Bern und München:
　　　　Fanke Verlag, 1983

幼稚園実習の意義

高橋　弥生

第1節　幼稚園実習を行う意味

　少子化が解消されないことに伴い、保育現場の改編が実施される可能性が高い。幼稚園と保育所の一体化施設の創設することについては、今後しばらくはどのように変化していくか見通せない現状がある。幼稚園教諭の免許についても、今後保育士と一体化した資格に変化することも考えられる。しかし、資格・免許の名称が変化しても、幼児期の子どもに関わる専門家であるという点では変わらないだろう。その意味で、幼稚園現場での実習は多くの意義を持っている。

　幼稚園教諭免許を取得し、幼稚園教諭を目指す多くの学生は、幼稚園での実習を体験することになる。本来幼稚園教諭を目指す学生は、子どもが好きな気持ちが根底にあるので、幼稚園での実習は保育者としての第一歩となるすばらしい体験となるはずである。

　しかし最近は、中学校や高校での職業体験やボランティア体験などを通して、保育現場でのなんらかの体験を持つ学生が増えてきている。そのため高校卒業までの保育現場での体験が、保育者を目指すきっかけになる学生も少なくない。この体験自体は、とてもよい動機づけになっているが、中には免許取得のための実習を、それまでの体験と同等に考えてしまう学生もいるようである。すると、実習の厳しさにくじけてしまい、幼稚園教諭の免許取得を諦めてしまうというようなことも、ときおり見受けられる。

　幼稚園教諭免許取得のための実習とは、ボランティアのように指示をされたことを手伝うのとは違い、自ら考え、観察し、行動し、考察し、そしてそれらを養成校での学びと結びつけながら自分の力としていくものである。幼稚園という現場にさまざまな形で参加しながら、体験を通して実践的に学ぶのである。それは決して楽しい体験ばかりではない。

ときには実習園の指導教員から厳しい指導を受けることもあるだろう。また、子どもとうまく関われない場合や、自らの計画が思うように実践できないことも、よくあることである。しかし、それらの体験全てを含めて「すばらしい体験」と捉えるべきであろう。子どもたちの輝くまなざしをじかに受け止め、失敗もまた次へのステップとすることが大切なのである。

幼稚園の現場で実習を行うことの意味は、以下の4点にまとめることができる。

①幼稚園で行われる幼児教育の実際を学び、その意義を知る。
②これまでに学んだ知識と実習園での体験を重ね、知識と実践の融合を図る。
③幼稚園教諭の職務を理解し、幼稚園教諭に必要な知識・技術を知る。そして、自らの今後の課題を明らかにする。
④自らの資質をあらためて見直し、幼稚園教諭として適正かどうかを判断する一つの要素とする。

このほかにも、実習に出なければ学べないことが多くある。例えば、保育者どうしのチームワーク、保護者との関わり、地域との関わりなどが挙げられる。また、保育計画を立てて実践することも、実習でなくては学べないことである。さらに将来の就職を考えるとき、職場でのコミュニケーションについても学ぶことができる。ゆえに、実習に入る前に、幼稚園実習の持つ意味をよく理解しておくべきである。そのうえで、実習を通して自分に足りない力に気づくことも、実習の重要な意義と言える。

第2節　実習の概要

1．実習の日数および段階

　教育職員免許法施行規則の第6条に、幼稚園教諭の免許を取得するために必要な実習の単位が示されている。これによると、専修、一種、二種に関わる幼稚園教諭免許を取得するためには、事前事後指導を含め5単位を取得することとなっている。通常、事前事後指導に1単位を当て、4単位を幼稚園での実習としている。

　幼稚園での実習4単位は、日数に換算すると20日間である。幼稚園の多くは月曜日から金曜日に開園しているので1週間は5日間と考えると、約4週間の実習ということになる。養成校によって実習の実施方法はさまざまであるが、それぞれに意図があるので、養成校での実施方法の意義をよく理解して実習に臨む必要があるだろう。

　　〔実習実施例〕
　　・1週間＋3週間
　　・2週間＋2週間
　　・4週間×1回
　　・毎週1日×20回

　実習の内容は、本書第5章で詳しく述べているように、段階を追って深まっていく。実習は、見学実習や観察実習から始まり、日々子どもたちと関わりながら、保育者の姿から学ぶことを繰り返してゆく。そして、最終的に自らが保育を計画・実践する責任実習に至っていくのである。たった20日間の実習で、卒業後には保育者として子どもの前に立つことになるわけなので、実習には真剣に取り組み、貪欲に学ぶ姿勢が必要である。

教育実習の最終段階の実習は最終学年に実施することとされているので、幼稚園教諭免許のための最終段階の実習も、養成校の教育課程の最終学年に組まれているはずである。この実習を終了すると、いよいよ保育現場で働く日が現実になってくるわけである。ゆえに、自分が保育現場で働くイメージを膨らませつつ、積極的に学んでいくことが重要となるのである。

2. 事前指導と実習準備

　実習の効果を十分高め、充実させるためには、事前の実習準備をしっかり行っておくことである。実習の準備といっても、その内容は多岐にわたる。ゆえに、各養成校で実施される事前指導を受け、どのような準備をすべきか理解しておくことである。事前授業を受け、少なくとも事前に準備しておくべきことを以下に挙げる。

　①実習の目的と内容の理解

　どのような目的で、どのような内容の実習を行うのかを学んでおかねばならない。実習の段階によって、その目的は変わる。今回自分が行く実習の目的や内容をしっかり把握しておくことである。

　②自らの実習課題を明確にする

　これまでの養成校での学びや経験を基に、各自が自分の課題を持つことが大切である。友人や同級生の課題が自分自身の課題と同じとは限らないので、一人ひとりが自分の課題を持たなければならないのである。

　③実習園に関する理解を深めておく

　幼稚園は各園ごとに保育方針を持っている。実習生といえども、実習園の保育方針を無視して保育に参加することはできないのである。ゆえに、事前に実習園の保育方針を理解しておくことが必要であろう。

　④保育技術を習得しておく

　実習の段階にもよるが、実習中にはさまざまな保育技術を試す機会に恵まれるものである。例えば手遊びをする、絵本を読む、といった保育

技術は、ほとんどの実習生が実践の経験をするだろう。せっかくの機会を十分に生かし、自らの実践力を高めるためには、実習前に保育技術を少しでも身につけ、練習しておくことが必要である。

⑤実習生としての態度・姿勢を再確認する

子どもたちと共に生活をし、保育に参加するためには、実習生としてどのような態度をとるべきかを、養成校の指導を基に再確認しておくことである。また、実習生としてどのような姿勢で実習に向かうべきか、自らの姿勢を問い直しておく必要がある。

その他、養成校では、指導計画の立て方や保育教材の作成、健康管理に至るまでさまざまな事前指導が行われるだろう。実習の事前準備をすることは、幼稚園教諭が行う保育準備に共通することも多い。その意味で、事前準備はすでに実習の一部である。しっかりとした準備をすることが、充実した実習につながるのである。

3. 事後指導と自己評価

実習の事後指導および自己評価は、事前指導と同様に実習の一部と考えるべきものである。しかし、実習前には必死になって準備をするものの、実習が終了すると全てが終わった気持ちになってしまう学生も少なくないだろう。実習が終わると一安心するのは当然であるが、同時に自らの実習を振り返る作業を行わなければ、せっかくの実習の経験も十分に身につかない。中には、思い出したくない失敗経験もあるだろうが、そのような経験こそ重要とも言える。養成校での事後指導を受ける中で、自らの実習での学びを確認するのである。

ときには同級生の体験を聞いたり、意見を交わしたりすることも大切である。自らの実習体験を、さまざまな人からの意見を基に見直し、その中から次の課題を見つけていくことが、実習の効果を上げることになる。この学びは、実習以外では得ることができないものである。実習後

の事後指導を受け、自己評価を行うことで初めて、実習を行った意味があると言えるだろう。

第3節　実習の効果

　実習は、学生にとって大きな不安の一つでもある。子どもに接する楽しみはあるものの、それ以上に不安のほうが大きい学生のほうが多いだろう。そこで、実習を終了した学生の記述から、実習がもたらす効果について考えることとする。

1．子どもと関わることでしか学べないこと

　実習生Aは15日間の実習に臨んだ。5歳児に配属され、指導教諭のアドバイスを基に、積極的に子どもたちに声をかけることを繰り返していた。すると、少しずつ子どもたちのほうから声をかけてくれるようになってきて、遊びに誘ってくれるようにもなってきたのである。そんな中、ある大人びた女の子のBちゃんのみが、声をかけても全く答えてくれない日が続いた。責任実習で製作活動を行った際も、Bちゃんに声をかけることを忘れなかったが、Bちゃんからの返事はなく、何の反応も見られなかったのである。その数日後、製作活動を欠席した子どもに個別対応していたときの記述である。

　　実習も残り2日となった。私は、欠席で製作をしていなかった子どもと、テーブルで作品を作っていた。ふと気づくと私の隣にBちゃんがいた。特に何をするわけでもない。私の製作の様子を隣で見ているだけである。私は、Bちゃんが製作に取り組んでいた姿を思い出し、「Bちゃんもすごくきれいにできたよね」と話しかけた。するとBちゃんが「先生、なんでまた

作ってるの?」と話しかけてきてくれたのである。Bちゃんが話してくれたのはこの時が初めてだった。その後もBちゃんはずっと私の隣にいて、午後も折り紙をたくさん折って得意げにプレゼントしてくれた。

　子どもとの関わり方については、養成校でも事例を基に学ぶであろう。しかし、いくつかのイメージを持つことはできても、子どもは決して教わったとおりの反応はしてくれないものである。実習でなければ学べないのは、このような子どもとの関わりである。どうしたらよいのか悩みながら一生懸命関わっていくことで、実体験として学ぶのである。
　実習生Aは、反応してくれないBちゃんに対して、諦めず誠意をもって言葉かけを続けていた。一方通行だと思っていたが、実は、Bちゃんは実習生の言葉や姿をしっかり感じていたのである。そして、実習生Aが自分の作品をきちんと見てくれていたことが分かったBちゃんは、実習生Aに対して心を開く。この体験は実習生Aにとって大きな喜びであると同時に、机上では得られない学びとなった。実習生Aは、以下のように記録を締めくくっている。

　　十人十色でさまざまな子どもがいて、一人ひとりに合わせた言葉かけ、対応をすることの大切さを学んだ。待っていても子どもは来てくれない。逆に子どもたちが私のことを待っていることに気づいた。日々の言葉かけは決して無駄なことではなく、純粋な子どもたちにはしっかりと伝わっている。教師として子どもたちの前に立ちたい、また素直な子どもたちに出会いたい、と将来への思いを強くした。

2．理想の保育者との出会いによる意欲の変化

　実習生Cは、もともと幼稚園教諭になろうとは思っていなかった。そのため実習に対しての意欲もあまり高くはなく、実習に対して前向きな気持ちが持てなかった。

実習中は、日誌をうまく書かなければ、保育者とトラブルがないようにしなければ、失敗をしてはいけない、といった気持ちが強く、心から楽しいと思えなかった。もちろん子どもが好きな気持ちは変わらないが、振り返ると、自分がどのように声かけや行動をしたら子どもにとってよいかではなく、自分が失敗しないかを無意識に考えて行動していた。

　このような気持ちになってしまう実習生は少なくないだろう。失敗を恐れる気持ちは、誰にでもあるからである。しかし、そのままでは実習を良い経験とすることはできない。実習生Cは、その後理想の保育者と思えるD教諭と出会うことで考え方に変化が生まれる。

　D先生は、明るく、前向きで優しい方である。クラスの園児だけでなく、他のクラスの園児や保護者、保育者からも頼りにされている。……責任実習の反省会で落ち込む私にも「反省がなくなったら終わりよ。反省を次に生かしていけばいいのよ。私たちだって、毎日反省して、次はどのようにしていこうと考えているのよ。同じ子どもはいないのだから、保育に反省は必ずあるのよ。完璧な保育だと思ってしまったら、その保育者の成長はそこまでよ。たくさん反省して、次に生かそうと考えて行動することに意味があるのよ」と励ましてくださった。私はそれから、D先生のような先生になりたいと思い、その後の実習は、失敗を恐れず子どもたちと向き合うことができた。

　実習は厳しく、現場の保育者との関わりは学生にとって緊張を伴うことであろう。しかし、D先生のような保育者との出会いがあるのも実習の大きな意義である。

3. つらかった経験のほうが学びが大きい

　実習生Eは、責任実習が計画どおりにいかず、子どもの自主的な活動

とは反対に、保育者主導のやらせる保育になってしまった。自らもその失敗には気づいていたが、その日の反省会でもその点を指摘された。

　反省会の際、指導教諭からも思っていたとおりの反省点を挙げられた。気持ちは沈んでいたが、失敗から目をそらさずにしっかりと受け止めなければ改善することができないだろうと思い、「このような保育者中心となってしまう保育は、今後いっさい行わないようにしなければ」と固く決意することができた。

　実習生Eは、指導教諭からの厳しい指摘に対し、きちんと向き合い自らを高めるきっかけにした。自分の保育の基盤作りができたように感じる記述である。実習生Eの記述は、以下のようにまとめられている。

　　楽しかった思い出よりも、つらかった思い出のほうが多いのではないかと感じる。しかしこのような経験は、実習生だからこそ得ることのできる貴重な経験なのだと感じるようになった。同時に、保育者として仕事を行うことへの自信も少し持てるようになった。実習で見て、聴いて、動いて、私自身がつかみ得た発見や学びが生み出したものである。失敗を恐れないわけではないが「失敗をしてもそこから逃げず、新たに成長していけるように努力していこう」という意欲が、実習のおかげで芽生えたのだと思う。

　実習では、たびたびつらいと感じることがあるかもしれない。しかし、そのことを謙虚に受け止め、実習の一日一時を無駄にしない姿勢が、前向きな気持ちを生むのであろう。

4．子どもを尊重する気持ちを学ぶ

　実習生Fは、幼稚園教諭10年目の保育者の姿や考え方から感銘を受ける。学校の授業以上に、子どもを尊重する保育者の言葉は、実習生の心を大きく動かすのである。

G教諭は、活動一つ取っても子どもたちの目線に立ち、心から子どもたちと同じように楽しんでいるように見えた。「心から」などと口にするのは簡単なことだが、実際なかなか難しいのが現実である。あるときG教諭が「私は子どもを、子どもとは考えていない。子どもだって一人の人間だし、逆に失礼じゃないかと思うんだよ」とおっしゃっていた。人間らしい心の豊かな子どもを育てたい、というG教諭の思いに触れることができ、とても良い刺激になった。

　子どもの人権を守ることや、子ども一人ひとりを尊重することなどについて、養成校の授業を通して学ぶ機会は多いだろう。しかし、実習で初めて経験する保育現場は、思ったより忙しく、一人ひとりに本当に気を配ることができるのか不安になる実習生もいる。そのようなときに、保育者からこのような言葉を聞き、その保育に触れることで、実習生は真に大切なことに気づくことができるようである。これもまた、実習の大きな効果なのである。

　実習前の私は「どうにかなる、なるようになる」とばかり思っていたが、そんな甘いことばかり考えていられないと思った。そして、中途半端な気持ちで保育に携わることはとても不謹慎なことだと感じた。子どもの人生の一部を共にすることは責任が重いが、とても魅力的に感じられる。私は子どもたちと毎日笑顔で過ごしたい。

　保育者としての責任と喜びを理解することが、子どもを尊重する第一歩となるのではないだろうか。

5. 子どもを心からいとおしいと思う気持ちの芽生え

　保育者を目指す学生は、「子どもが好き」という気持ちが基盤になっている者がほとんどだろう。しかし養成校で子どもについて学び、実習

で子どもに触れ合っているうちに、自分自身の本当の気持ちが分からなくなってしまうことがときどきある。実習生Hも、保育所や幼稚園で何回か実習を行い、自分は本当に子どもが好きなのか、自分は保育者に向いているのか、自信を失い、進む道を見失っていた。その実習生Hの悩む気持ちを打ち砕いたのは、実習で触れ合った子どもの言葉であった。

　責任実習で『飛び出すヘビ』という製作を行った。作品を集めるときに「ヘビさんがオシャレになってうれしくなって逃げちゃうかもしれないから、すぐに持ってきてね」などと声かけをしていた。数日後に〇〇ちゃんが「先生、おうちでね、ヘビさんが逃げないように輪ゴムで止めてるの」と言いにきた。抱きしめたくなるほどかわいく、そして作品を大切にしてくれていることを知り、ものすごくうれしくなった。子どもたちに対する愛情はいつの間にか大きくなり、離れたくない、実習を終わりにしたくない、と初めて思った。自分は本当に子どもが好きなのか不安だった気持ちは消え去った。子どもと関わる仕事に就こうと強く思うようになった。

　幼稚園実習の意義はさまざまある。免許を取得するために、しぶしぶ実習に出る学生もいるかもしれない。しかし、最も実習で経験してほしいことは、子どもとの関わりの中で感じる感動、幼稚園教諭の姿を通して知る保育という仕事のおもしろさなのである。

【引用・参考文献】
阿部和子・増田まゆみ・小櫃智子編『保育実習』ミネルヴァ書房、2009年
文部科学省『幼稚園教育要領解説』フレーベル館、2008年

第3章
さまざまな教育方針の幼稚園

豊田　和子

第1節　特色ある教育理念を持つ幼稚園

　原則的には、公立・私立を問わず、各幼稚園には必ず、それぞれの教育理念に基づく教育方針や保育内容があるが、特に私立の幼稚園の場合には、建学の精神に基づいて特色ある教育理念や方針をより強く打ち出している園が多い。実習に際しても、そのことを理解しておくことは、自分の実習をより有意義なものにするうえで大事なことである。

　2011年度の学校基本調査によると、幼稚園は全国に1万3299園あり、内訳は、国立49、公立5024、私立8226で、私立が6割以上を占める。

　幼稚園は、学校教育法（2008年4月施行）に定められた学校であり、国公立園も私立園も、この目的に沿うものである。そして、教育・保育内容は、幼稚園教育要領に準じている。ちなみに、全日本私立幼稚園連合会（1984年設立）には、全国の私立幼稚園の約8000園が加盟しているが、そこには幼稚園教育要領に従うことが明示されている。私立園で実習する学生の中には、このことを十分に理解しないで、目先の特色だけにとらわれている人がいるが、特色ある教育理念や方針を持つ幼稚園も、「幼稚園教育要領」の内容を踏まえて、そのうえで自園の特色を打ち出して実践しているのである。以下では、私立幼稚園の中でも、特色ある教育理念を持ついくつかの代表的な考え方を紹介することにしたい。

第2節　仏教系幼稚園

　日本の保育の歴史を見ると、戦前から各地に存在するお寺では、農繁期に農作業に忙しい家庭の子どもを預かったり、工場で働く母親の支援

のために託児所などを開くなど、寺院は大きな貢献をなしてきた。戦後になって学校制度が新しくなったときに、幼稚園または保育所として認可を受けるなど、仏教系の幼稚園や保育所は長い歴史を持つものが多い。

「仏教」といっても宗派がいろいろあり、個々の幼稚園ではその宗派の教えによってその内容も異なると思われるので、ここでは日本仏教保育協会（1929年設立。2011年度現在647園が加盟）の考え方を紹介したい。

1. 仏教保育の目指すもの

今から、2500年前にお釈迦様が説いた宗教の教えに基づくもので、仏教保育は一言で言えば、「人間はどう生きるか、どのようにふるまい、どんな気持ちで日々を送ればよいかを仏教の教えによって実現すること」である。その仏教保育の根元は、「仏教保育三綱領」と呼ばれる。

・慈心不殺（生命尊重の保育を行おう）
・仏道成就（正しきを見て絶えず進む保育を行おう）
・正業精進（よき社会人をつくる保育を行おう）

この3つを、幼児に分かりやすく、「明るく、正しく、仲よく」と表現している。その目指すものについて、次のような説明がなされている。

①生命を尊重する

仏教では人間だけでなく、草木や虫、鳥、獣にも、水や石や大地にも仏性があり、人間と同じように生命あるものとして大切にする。私たち人間は、植物や動物の命をいただかなければ生きていけないことの悲しみを心に抱いている。その心が慈悲の心へと深められる。

②正しく生きる

してはいけないことをし、しなければいけないことをしないという心を失った人間がなぜ生まれたのだろうか、と問うている。正しきを見て絶えず進むためには、人智を超えた仏を信じることなしには進めない。お地蔵様、観音様に礼拝するのは、ともすればくじけそうになる心の支えを求め、幼児とともに合掌することなのである。

図表1　仏教保育の1年間のねらい

月	ねらい	内容
4月	合掌聞法（がっしょうもんぽう）	入園・進級を喜び、園生活に親しもう。
5月	持戒和合（じかい）	決まりを守り、集団生活を楽しもう。
6月	生命尊重	生きものを大切にしよう。
7月	布施奉仕	誰にも親切にしよう。
8月	自利利他	できることは進んでしよう。
9月	報恩感謝	社会や自然の恵みに感謝しよう。
10月	同事協力	お互いに助け合おう。
11月	精進努力	最後までやり遂げよう。
12月	忍辱持久（にんにく）	教えを知り、みんなで努め励もう。
1月	和顔愛語（わげん）	寒さに負けず、仲よく遊ぼう。
2月	禅定静寂（ぜんじょう）	よく考え、落ち着いた暮らしをしよう。
3月	智慧希望	希望を持ち、楽しく暮らそう。

出典：［日本仏教協会、2010］を基に作成

③良き社会人をつくる

　人間はお互いに助け合いながら生活している。自分が生きることは、他人のために生きることでなければならない。良い保育者であるためには、良い子に育てようとすることであり、一人ひとりの幼児がいるからこそ保育者であることを忘れてはならない。これを「自利利他」という。仏教保育の1年間の計画については、「仏教保育の三綱領」の考え方に基づいて、月のねらい（徳目）とその内容が、**図表1**のように示されている。

2．生活の中の仏教保育

①礼拝

　仏教系の幼稚園は寺院の境内や隣接地にあるところが多いので、一日の保育は、登園して一歩門の中に入ったら手を合わせる挨拶に始まり、合掌してさようならに終わる。仏様の前で、精神を安定させ、すなおな自分、他者への感謝や幸福のために祈るように指導されている。

②誓いの言葉

　宗派によっていくらか異なっているが、内容は「明るく、正しく、仲

よく」の精神を根底としている。
　③食事の時の言葉
　食事の基本は、一粒の米、一滴の水も無駄にしないことであり、動植物の尊い生命をいただいて、私たちは生かされていることに感謝する。

3. 仏教保育の行事

　代表的なものは、お釈迦様の生涯の節目の日にちなんだ三仏忌（ぶっき）である。
・4月8日　　降誕会（こうたんえ）（花まつり）＝お釈迦様の誕生を祝う日
・12月8日　　成道会（じょうどうえ）＝お釈迦様が悟りを開かれたことを祝う日
・2月15日　　涅槃会（ねはんえ）＝お釈迦様がお亡くなりになった日

　これらの日には、全園児が本堂やホールに集まって、合掌し正座をして、お釈迦様のお話を静かに聞いたりする。

　そのほかに、お盆やお彼岸の行事、子どもの成長を祝う「桃の節句」「端午の節句」「七五三」や「節分」「七夕」などの年中行事、クリスマス会なども多くの園で行われている。

第3節　キリスト教系幼稚園

　キリスト教保育は、保育の歴史の中では、オーベルラン（J. Oberlin, 1740〜1826）、ペスタロッチ（J. H. Pestalozzi, 1746〜1827）、フレーベル（F. W. Fröbel, 1782〜1852）など西洋の著名な幼児教育思想家・教育者がキリスト教信仰に生かされた人々であることから、その精神は幼児教育にとっても意義深いものがある。また、日本では明治以後、欧米からの宣教師によって子どもの教育と福祉のための活動が展開されてきたことから、キリスト教保育は長い歴史を持つ。

　キリスト教にもいくつかの宗派があるが、ここでは、「キリスト教保

育連盟」（2011年現在、601幼稚園が加盟）の考え方を中心に紹介する。

1. キリスト教保育が目指すもの

同連盟によると、キリスト教保育の目指すものは次のようである。

 子ども一人ひとりが、神によっていのちを与えられたものとして、イエス・キリストを通して示される神の愛と恵みのもとで育てられ、今の時を喜びと感謝をもって生き、そのことによって生涯にわたる生き方の基礎を培い、共に生きる社会と世界をつくる自律的な人間として育つために、
 保育者が、イエス・キリストとの交わりに支えられて共に行う意図的、継続的、反省的な働きである。　　　　　　　　[キリスト教保育連盟、2010]

このように、キリスト教保育は、神と人間との関係を大人と子どもとの関係において具体化しようとするもので、子どもが神の愛に気づき、喜びと感謝、信頼を持って日々の歩みを支えることを目指す。具体的には、次の3点が留意事項として示されている。

①乳幼児期は人生の基礎を培う時であること

この時期は、心身の発達が著しい時なので、保育者の子どもへの愛情ある関わりとそこから生じる温かい雰囲気の下で、園生活がなされることが大切である。

②子どもの今、現在が充実したものになること

現在という時はかけがえのないものであり、将来のために現在を犠牲にするのではなく、今しかできないことに喜びと充実感をもって経験できるよう、保育者は配慮する。

③保育とは何かを問い続ける姿勢を持つこと

保育を完成されたものではなく、特に子どもの立場から、今日の社会を問う姿勢を持ちたい。保育者は、時代や社会と共に変化する部分と、変わらない、守るべき部分を識別する洞察力を持つことが大事である。

図表2　キリスト教保育の2011年度の主題（3〜5歳児）
年間主題＝「信じる―見えないものに目を注ぐ」

月	主題	月の願い
4月	安心する	・友達や保育者との出会い、神様との出会いに安心する ・心地良い環境の中で、自分の居場所を見つけ、園生活に期待を持つ
5月	動き出す	・周りのことに目を向け、興味や関心を抱く ・友達や遊びの中で心を動かし、自ら関わろうとして一歩踏み出す
6月	見つける	・遊びの中や人との出会いの中で、新しい発見をする ・友達の気持ちに気づき、自分の気持ちを表現しようとする
7月	楽しむ	・土・砂・水に存分に触れて、心も体も解き放って遊ぶ ・子どもの育ちを保護者と共に分かち合う
8月	触れ合う	・いろいろな人と出会い、心を通わせる ・家族とゆったりとした夏の生活を楽しむ
9月	試す	・友達と共にいることを喜び、体を十分動かして遊ぶ ・新しい発想や意欲を持って、試してみる
10月	考える	・遊びを展開する中で、工夫や試行錯誤をする ・さまざまなトラブルに対して自ら考えたり、協力して解決しようとする
11月	目を凝らす	・気づいたことをもっとよく知ろうと考えたり、関わったりする ・アイデアを出し合い、相談して、遊びも友達関係も深める
12月	感謝する	・イエスさまの誕生のストーリーをたどり、喜びを共有し、表現する ・隣人や世界に目を向け、恵みを分かち合う
1月	取り組む	・結果を予測して、考えたり工夫したりする ・子どもどうし、また子どもと保育者が理解し合い、力を合わせる
2月	育ち合う	・お互いの違いを認めつつ、助け合えることの喜びを感じる ・共通のイメージを持って、それぞれの役割を担いつつ、遊びを充実させる
3月	望む	・神様の恵みと見守りのうちに成長できたことを喜ぶ ・新しい生活に期待を持つ

出典：［キリスト教保育連盟、2011］を基に作成

さらに、その具体的なねらいとして、次の6点が掲げられている。

（1）子どもが、自分自身を大切なひとりとして受け入れられていることを感じ取り、自分自身を喜びと感謝をもって受け入れられるようになる。

（2）子どもが、イエスを身近に感じ取ることを通して、見えない神の恵みと導きへの信頼感を与えられ、「イエスさまと共に」毎日を歩もうとする思いをもつようにする。

（3）子どもが、お互いの違いを認めつつ、一緒に過ごす努力をし、そのこ

とを喜びとするようになる。
(4) 子どもが、心を動かし、探求し、判断し、想像力をもち、創造的に様々な事柄に関わるようになる。
(5) 子どもが、私たちの生きる自然や世界を神による恵みとして受け止め、それらの事柄に関心をもち、自分たちのできることを考え、行うようになる。
(6) 子どもが、してはいけないことをしようとする思いが自分の中にあることを気づき、そのような思いに負けない勇気をもち、行動するようになる。

[キリスト教保育連盟、2010]

キリスト教保育の年間の保育の主題を理解するために、2011年度の例を挙げておく（**図表2**）。

2. 生活の中のキリスト教保育

①礼拝

「祈りに始まり、祈りに終わる」キリスト教保育では、共に集まり、神に向かって共に祈り、賛美し、人々と共に分かち合う。そうした礼拝がとても大切にされ、朝の集まりや昼食の時、降園時など礼拝は欠かせない。しかし、幼い子どもに「礼拝中は静かにしなければならない」と過度に要求することは、子どもたちから礼拝の楽しみを奪うことにもなるので、むしろ、元気よくニコニコしながら行うことも大事だとされる。礼拝の場所は、教会とは限らず、保育室でも園庭の木陰でも、さまざまなところで行うことができるとされている。

②お祈り

お祈りは「神様とのお話」であり、幼児には「自分のしたいことはちょっとだけお休みして、神様のことだけを考える」時として、「手を組む」という形が要求される。共同のお祈りと個人のお祈りがある。

③賛美

礼拝する者が共に神を賛美し、感謝と喜びを表すための配慮を行う。

聖書には、「告白」「歌う」「叫ぶ」「立ち上がる」「ひざまずく」などいろいろなスタイルがあるが、こうでなければならないというものではない。幼稚園では、奏楽や賛美歌を歌う、友達と振り付けをするなど、その時の状況にふさわしいスタイルを作っている。

④献金（ささげもの）

自分の労働の実りを神にささげることが基本で、現在は貨幣社会なので、お金でささげる。神様の恵みを他人と分かち合うという精神であるので、献金のささげ先についても子どもたちに詳しく話したり、ささげられた人の反応なども子どもに知らせるような保育を行っている。

⑤聖書・お話

子どもにとって神の働きやイエスを身近に感じることができるような親しみやすい聖書のストーリーやイエスのたとえ話を保育者が語る。紙芝居やパネルシアターの活用も子どもの理解には良いとされている。

3. キリスト教保育の行事

最も代表的な行事は、イースターとクリスマスである。そのほかに、花の日、子どもの日、母の日、父の日、平和聖日、幼児祝福式、収穫感謝祭などがある。また、日本の年中行事も積極的に取り入れている園もある。キリスト教保育の行事の基本は、行事を通して、子どもも保護者も保育者も喜びと充実感を得ることである。

第4節　その他の特色を持つ幼稚園

1. モンテッソーリ保育

モンテッソーリ教育は、イタリアで最初の女性医学博士となったモン

テッソーリ（M. Montessori, 1870～1952）によって実践・提唱された教育観であり、教育方法である。障害のある子どもの治療に関わって得た経験を教育学にも生かし、20世紀の初めにローマの貧民街に「子どもの家」という名前の保育施設を創設したことは有名である。モンテッソーリの教育は、独特な教具を開発し、「モンテッソーリ・メソッド」と呼ばれる方法によって、子どもの感覚・知覚・認識などを促進し、全ての子どもが自発的・自立的能力を持つ人間になることを目指している。

日本にも、モンテッソーリ教育は早くから紹介されているが、1968年に「日本モンテッソーリ協会」が設立されたことにより、幼稚園教育にも大きな影響力を持つようになった。子どもの早期教育の重要性が認識され、自主性や集中力や責任感を大切にするモンテッソーリの教育思想が受け継がれている。特にカトリック系の幼稚園において、モンテッソーリ教育が多く取り入れられているようである。

(1) モンテッソーリ教育の目的・方法
①モンテッソーリ教育の目的
モンテッソーリ教育の目的は、一口で言えば「自立した子どもを育てる」ことであり、それぞれの発達段階にある子どもを援助して、自立心を持った、有能で、責任感と他人への思いやりがあり、生涯学び続ける姿勢を持った人間に育てることを目指している。
②モンテッソーリ教育の方法
自立した人間を育てるために、子どもが自発的に活動できる自由を保障する「整えられた環境」を重視した。その条件は、次の4点である。
・子どもが自分で自由に教具を選んで活動できる環境構成
・やってみたいと思うような、子どもにとって興味深い教具の整備
・社会的・知的協調心を促すための、異年齢混合のクラス編成
・子どもそれぞれの発達段階に適した環境を整備し、子どもの自己形成を援助する、人的環境としての教師

(2) 幼稚園段階での教育内容

モンテッソーリは、3～6歳までの時期は「感覚の敏感期」にあると捉え、感覚教具を使っての活動を通して、五感の促進をはじめ、抽象概念、秩序、精神の集中を促すことを重視した。幼稚園年齢の教育内容は、大きく次の5つの分野がある。

①日常生活の訓練

2～3歳以降の子どもは、大人の生活を「模倣」しながら、身体を自由に動かし、環境に働きかける。洗濯、アイロンがけ、掃除、食事の片づけなど日常生活上のさまざまな仕事や手作業の模倣をしながら、独立心や自立心が育つ。体と手指を使って運動の調整を身につける。

②感覚教育

モンテッソーリは「感覚の発達が知的発達に先行する」と言う。そのための代表的な教具は、はめ込み円柱、桃色の塔、秘密袋などである。対にする、段階づける、比較するなどの操作法が教具になっている。

③言語教育

子どもの言語発達に関して、「名称（名前）を知ることから始まり、その性質に関する単語（形容詞）に移行し、ものの関係を表す単語（動詞・助詞）に及ぶ」と考えたモンテッソーリは、単語教育では、絵カードや文字カードなどの教具を使い、話す、読む、書くという作業を通じて、子どもの言語を豊かにすることを重視した。

④算数教育

最終的には「抽象的認識という知性の発達」を目指したモンテッソーリは、抽象力や論理力を要求される算数教育において、特に、算数棒やビーズなどの教具を使って、段階を追いながら数量概念の基礎から十進法や加減乗除の算数に関する知識や論理を身につけるようにする。

⑤文化教育

上記の日常生活の訓練・感覚教育・言語教育・算数教育を基礎として、歴史や地理、生物、音楽などの文化に触れ、そのことを通して、知性や

図表3　モンテッソーリ幼稚園の教育方針例

兵庫県 A幼稚園	・カトリック精神に基づいた、モンテッソーリの教育原理を取り入れた人格教育を行っている。 ・神の似姿として創られ、かけがえのない存在である子どもが持っている生きようとする力、つまり「自ら発達する力」に着眼し、一人ひとりが豊かに生命力を開花するように家庭生活と補い合って手助けをしている。
香川県 B幼稚園	・集中力と自ら考え行動する能力を高める。 ・モンテッソーリ教育の、主体性と繰り返しを大切にし、深い満足感と喜びを感じるとともに、他人をも受け入れる社会性を育む。
愛知県 C幼稚園	・カトリック精神に基づき、文部科学省によって定められる教育目標にモンテッソーリ教育を取り入れ、個性を尊重した教育をする。 ・日常生活の中で自ら考え、判断し意欲的に活動する子ども（思いやり） ・神様や周囲の人々に感謝をする子ども（感謝） ・友達を大切にお互いに助け合える子ども（自立） ・保育者の役割は、①環境を整える、②子どもをよく観察する、③子どもがやりたいことを一人でできるよう援助をする。 ・縦割り保育を行い、研究をしている。

(筆者作成)

情緒性や良心などを子どもたちに身につけさせることを重視した。教具には、地球儀や世界地図、図鑑などがある。

(3) モンテッソーリ保育の幼稚園の実際

モンテッソーリ教育の思想は上記のとおりであるが、「モンテッソーリ教育」を教育方針に掲げている幼稚園の実際は画一ではない。しかし、環境的には、子どもの自発性・自主性が尊重され、活動の選択の自由が保障されるような空間があり、集中と学び合いを重視している。そしてモンテッソーリの幼稚園では、異年齢混合クラス編成を原則としている。参考までにいくつかの園の方針等を示す（**図表3**）。

2. シュタイナー保育

シュタイナー（R. Steiner, 1861～1925）の人智学思想に基づく教育で、ドイツではヴァルドルフ教育として普及しているので、海外保育研修などで見学をした学生もいるだろう。日本には2010年度で2学校が文部科学省に認可されているだけで、本格的なシュタイナー幼稚園は少ない。

図表4　シュタイナー幼稚園の一日

時間	内容
8:00	登園 先生はせっせと編み物などの仕事をしている。
8:00～10:30	自由遊び 保育室の環境としてはピンクの布が天井から吊るされた人形の家があり、子どもたちは独特な人形や布などの素材を使ってごっこ遊びを展開する。
10:30～11:30	片づけとお手洗い（15～20分） 片づけが終わると簡単な手遊びを行う。 香りの良いベビーオイルを塗る。 ライゲンをする（輪になって踊る。ピアノなどはない）。 手を合わせてお祈り。朝の挨拶。
11:30～0:15	庭での外遊び（自由遊び）
0:15～1:30	昼食（食前の祈りと食後の挨拶）
1:30～	降園前のメルヘン 先生が簡単な手遊びをして、子どもたちのファンタジーを促すようなメルヘンを話す。2～3週間繰り返される。

(注)　環境の素材や玩具、歌などはシュタイナー教育の独自のものである。

出典：［高橋、1995］を基に作成

シュタイナーは、人間の魂から体までの成長を生涯にわたって段階づけ、0～7歳までを「エーテル体（生命体）」として、大人から保護され影響を受けながら、ゆっくりと感覚を通じて周囲の世界を吸収し、模倣しながら成長していくという。そのため、幼稚園は生活の場であり、先生は子どもにとって模倣の対象であり、子どもの自由意思を大切にする。生命と魂の発達のためには、人為的でなく自然でリズムある生活が大事だと述べている。幼稚園は家庭であり、先生は親であり、友達は兄弟のような存在である。

日本で最初の「シュタイナー幼稚園」として公認された幼稚園の一日を簡単に紹介しよう（**図表4**）。

3．自然保育

地球環境の破壊や消費生活が進む中で、新たに見直されているのが「自然保育」の考え方である。幼稚園の教育方針の一つに、自然保育を行っていることを掲げる園は増加している。しかし、その取り組み内容

は、園の理念や立地条件などによってさまざまなである。
- 子どもの活動を、園舎内からなるべく外に出して、近隣の田畑や山や森などで行い、自然の中での体験を推進している園。
- 自然との触れ合いを大事にする趣旨から、動植物の飼育・栽培活動を積極的に取り入れている園。
- エコ教育や食育の考え方から、なるべく、自然の素材や食材を使うようにしている園。

その他にも、多様な取り組みが行われている。

【引用・参考文献】

青木久子編集代表『環境をいかした保育（春・夏・秋・冬）』チャイルド本社、2006年

井上美智子・神田浩行・無藤隆『むすんでみよう子どもと自然——保育現場での環境教育実践ガイド』北大路出版、2010年

キリスト教保育連盟『新キリスト教保育指針』キリスト教保育連盟、2010年

キリスト教保育連盟『キリスト教保育』キリスト教保育連盟、2011年4月号

倉戸直実監修『キリスト教保育』聖公会出版、2007年

相良敦子『モンテッソーリ教育を受けた子どもたち——幼児の経験と脳』河出書房新社、2009年

高橋弘子『日本のシュタイナー幼稚園』水声社、1995年

日本仏教保育協会企画『子供の心を育てよう〔改訂版〕』鈴木出版、1984年

日本仏教保育協会編『改訂わかりやすい仏教保育総論』チャイルド本社、2004年

M・モンテッソーリ（鼓常良訳）『幼児の秘密〔新装版〕』国土社、2003年

第4章

幼稚園の一日

宍戸　良子

第1節 幼稚園の一日

1．一日の保育の流れと教師の動き

　幼稚園の一日の流れを見ていくことにしよう。幼稚園での生活は、毎日規則正しく行われ、基本的な生活習慣の形成に関わってくる部分と、幼児の自発的・主体的な遊びを中心としてねらいや発達の段階に即して日々活動内容が変化する部分とに分けられる。『幼稚園教育要領解説』には、このような活動が、幼児の意識や必要感あるいは、興味と関連し

図表1　ある幼稚園の一日の保育の流れと教師の動きの一例

時刻	保育の流れ	教師の動き
08:30	・順次登園 ・連絡帳へシール貼り、着替え ・自由遊び ・片づけ ・手洗い・うがい、排泄	**・出勤** **・環境整備** **・打ち合わせ** ・登園順次受け入れ、視診、連絡事項の確認 ・個別の援助、関わり ・個別の援助、関わり ・片づけの指導 ・一斉活動の準備、環境構成
10:15	・朝の活動 ・当番の仕事	・出欠確認、一日の流れの伝達 ・個別の援助、関わり
10:30	・一斉活動 ・手洗い・うがい、排泄 ・昼食の準備	・活動における指導と援助 ・昼食の準備 ・個別の援助、関わり
11:30	・昼食 ・歯磨き、食後の片づけ	・ピアノ、食事の指導 ・個別の援助、関わり
12:30	・自由遊び ・片づけ ・手洗い・うがい、排泄	・個別の援助、関わり ・片づけの指導 ・ピアノ、絵本の読み聞かせ
13:30	・降園の準備	・降園指導
14:00	・降園	・保護者との情報交換 **・清掃、環境整備** **・職員会議等** **・明日の保育の準備** **・退勤**

（注）太字は、園児がいない時間帯に教師が行う活動内容を示す。　　　　（筆者作成）

て、連続性を持ちながら生活のリズムに沿って自然な流れで展開されることの重要性が記載されている。

　教師は、子どもたちが幼稚園での一日を快適に心地よく充実感を持って過ごせるよう、子どもたちの登園前から受け入れの準備を行い、園生活においては個別の援助や関わり、指導を行うと同時に、次の活動を見越して準備・対応している。また、子どもの降園後には、タイムリーにその日の子どものエピソードを職員間で共有したり、保育を振り返ったりしながら、明日の保育の準備を整えることを日課としている。

　「子どもたちは先生が幼稚園に住んでいると思い込み、先生にも帰るおうちがあると聞いて驚いていた」というほほえましいエピソードがよく聞かれるが、このように教師は、子どもたちが安心して登園し、明日を楽しみに降園していく一日一日を丁寧に支援しながら、個々のよりよい成長を見守っていく重要な役割を担う存在なのである。

　幼稚園の一日の時間軸に沿って、子どもの様子と幼稚園教諭としての具体的な指導内容や関わり、配慮事項について見ていくことにしよう（**図表1**）。

2．朝の様子

　教師は、昨日の子どもたちの様子から今日の遊びの展開を想定し、順次登園した子どもから、興味・関心を持ってじっくり遊びに打ち込めるよう環境を整えておく。このような教師による人的・物的・時間的・空間的環境に対する意図的な配慮を「環境構成」という。例えば、不安を抱えて登園する子どもが安心して過ごせるように心地よい音楽を流したり、テーブルを用意して空き箱等の廃材を自由に使って工作できる製作コーナーを設けたり、じゅうたんなどを敷いて季節感のある絵本などに親しむことができる一角を設定したりするというぐあいである。

　子どもたちの登園時間が近づいたら、玄関で親子を出迎え、挨拶とともに子ども一人ひとりの健康状態を視診する。また、保護者が気軽に会

コーナー保育（ままごとコーナー、製作コーナー）の一例

話できるような雰囲気づくりに心がけ、家庭での子どもの様子を聞くなど、保護者とのコミュニケーションを図り、情報交換の場の一つとして活用していく。

　子どもたちは登園すると、連絡帳にシールを貼り、かばんや帽子、コップなどを所定の位置に片づけ、その日の活動に応じて自分自身で着替えをする。こういった家庭での過ごし方とは異なる園における集団生活ならではの生活習慣を、子ども自身がきちんと理解して自主的に取り組めるように支援していくことも、重要な配慮事項となる。

　自由遊びの後、クラス全体で集まり、朝の挨拶や歌、出欠確認、教師から一日の流れの連絡等を行う。その際、当番の子どもが他児らの前に立って、責任を持って役割を担う姿が見られる。また、クラス全体では集まらない場合にも、一日の見通しが持てるような言葉かけを行ったり、欠席の子どもの名前が分かるように黒板に名札を掲示したりするなどの工夫が見られる。こういった役割分担や掲示物には、子どもたち一人ひとりがかけがえのないクラスの一員であることを実感できるようなクラス経営における教育的配慮がなされている。実習先でも、さまざまな工夫を観察してみよう。

グループのメンバーや当番の子どもの名前、欠席者が分かる掲示

3. 遊びの様子

　園生活での大半を占める遊びは、心身の成長を促す重要な活動である。個々の興味・関心に従い、思いのままに遊びを展開する自由遊びの時間と、クラスで一つの活動を行う一斉活動の時間を設けている園が多い。

石鹸の特質をじっくり体感しながら遊んでいる様子

　右の写真は、自由遊びの時間に、テラスの一角で「ビール屋さん」を展開している子どもたちの様子である。固形石鹸をおろし金で削り、それをボールに集めて水を加えながらかき混ぜ、泡を作り、黄色の色水に浮かべてビールを作るのである。きめ細やかな泡を作るために、水の入れ加減や混ぜ方のコツなどを互いに真剣に語り合いながら、夢中になって作り続ける姿が見られる。そこでは、「泡って水を吸収しちゃうんだ」「その石鹸、順番に使おう、次貸してね」などの会話が聞かれる。

　このように、周囲の事物や事象、また他者と応答し合う中で、思考をめぐらし、さまざまな知識を体得し、達成感や充実感を味わうことで、自信にも結びついていく。また、友達と関わりの中で協力したり、ときにはぶつかりと葛藤から自己を存分に発揮したりコントロールしたりしていく自己統制力や社会性、道徳性などを身につけながら、心身の調和のとれた発達の基礎を築いていくのである。教師は、幼児の主体性を尊重しながら個々の感動体験を分かち合い、共感しながら個に応じた援助や関わりを行っていくことが重要となる。

4. 昼の様子

　昼食は、お弁当を各家庭から持参する園や、給食室があり自園給食を

展開している園、委託業者による栄養等が配慮された子ども用給食を提供している園など、園の保育方針や地域の実態に応じて、その形態はさまざまである。

　現行の幼稚園教育要領（2009年4月施行）には、旧教育要領（2000年4月施行）の健康の領域の「内容」に、「先生や友達と食べることを楽しむ」という一文が加わり、「内容の取扱い」に関して、次のような記載事項がある（第2章の「健康」領域の3（4））。

　　健康な心と体を育てるためには食育を通じた望ましい食習慣の形成が大切であることを踏まえ、幼児の食生活の実情に配慮し、和やかな雰囲気の中で教師や他の幼児と食べる喜びや楽しさを味わったり、様々な食べ物への興味や関心をもったりするなどし、進んで食べようとする気持ちが育つようにすること。

　これは、現代社会の中で、各家庭の生活環境や生活スタイルの変化に伴う、一人での食事や偏った栄養摂取、朝食をとらずに登園する子どもなど食生活の乱れが深刻化している現状を踏まえての内容である。それゆえに、園生活の中で補完していくことが大きな課題であると言える。昼食を迎えるまでの活動内容等を吟味し、空腹感を感じながら食べたときの満足感を味わえるよう配慮したり、机の配置やグループ等を工夫したりしながら、和やかな雰囲気で「皆で食べるとおいしいね」という経験を大切にしていきたい。

　また、園庭の一角に畑を設け、季節や環境に応じてキュウリ、トマト、ソラマメ等を栽培し、自分たちで収穫し調理して食べるという食育の活動を積極的に取り入れている園もある。このように自らの手で食べ物を育てる体験や皆でおいしく食べる経験等を通して、喜びやうれしさを味わい、食への興味・関心が高まっていく。気持ちのよい食事のマナー（箸の持ち方や食べ方等）の指導も視野に入れながら、望ましい食習慣を

身につけることができるよう、丁寧に支援していきたいものである。

5. 帰りの様子

　園での一日を思う存分過ごし、帰りの時間を迎える。降園指導では、一日の出来事を皆で共有したり、当番の引き継ぎが行われたり、また教師による絵本の読み聞かせや歌の活動等が行われる。降園の際には、教師が子ども一人ひとりに親しみをこめて握手する園などもあり、明日を楽しみに降園できるような配慮がなされている。

　迎えに来る保護者に、今日の園での子どもの様子を伝えるとともに、保護者の相談に応じる降園時は、家庭や地域との連携を図る重要な機会となる。朝は忙しくてなかなかゆっくり話せなかったことや、連絡帳で伝えるよりも口頭で伝えたいことなどは、この時間を活用したい。

　その際、子どもの良いことばかりを伝えるのではなく、他児とのトラブル等があった場合も、具体的な状況や経過、またそのことが子どもたちのどのような育ちに結びついていくのかといった教師としての見解や対応等を具体的を伝えることで、保護者に安心感をもたらす。また、園生活でけがなどをした場合にも、その経緯や、どのような応急処置をしたか、現状はどのようであるかをきちんと報告するようにしよう。

第2節　さまざまな保育

1．年齢別保育と異年齢保育

　まず、クラス編成の際に大きく関わってくる、子どもの年齢に着目した保育形態を紹介したい。

(1) 年齢別保育

　年齢別保育とは、4歳児クラス・5歳児クラスや年少児クラス・年長児クラス等と呼ばれるように、同年齢の子どもたちで構成された集団で保育を行うスタイルである。年上のクラスは、年下のクラスの子どもたちに対して思いやりや優しさを持って接したり、年下のクラスは、憧れのまなざしで年上のクラスの子どもたちを慕ったりする姿が見られる。

　クラス単位での育ちやおおよその発達の段階を考慮して活動内容を考慮していくことが可能であるが、子ども一人ひとりの生活経験や興味・関心の多様性を踏まえ、個に応じた支援を行っていくことが大切となる。

(2) 異年齢保育

　異年齢保育とは、年齢の異なる子どもたちで構成された集団で保育を行うスタイルであり、「縦割り保育」などとも呼ばれる。

　少子化が進み、家庭や地域社会で経験することが難しくなりつつある異年齢の子どもどうしの触れ合いを通して、さまざまな育ちが期待できる。一方で、活動内容の設定が難しい一面もあり、個々が自己を思いのままに発揮できるような環境や配慮が必要となる。

　なお、園の都合によって年齢別保育のクラス編成が難しいという理由で異年齢のクラス編成を行う場合は、「混合保育」と呼ばれる。

2. さまざまな保育形態

　園では、子どもの年齢に着目するほかに、人数規模、保育者の意図や働きかけのありようなどといったさまざまな視点から、多様な保育形態を用いて保育を展開している。主な保育形態の特徴を見ていこう。

　①一斉保育

　教師のねらいや意図によって綿密に練られた計画に従い、同年齢の子どもが一斉に同一の活動に同じ方法で取り組む。

②自由保育

子ども一人ひとりの興味・関心に基づき、自主的・主体的に活動する。放任にならないよう、教師は環境に配慮するとともに、一人ひとりの特性や発達課題等に応じたきめ細やかな支援が重要となる。

③設定保育

保育者が、一人ひとりの成長を願い保育の目標を持ち、子どもの活動を計画的に設定する。人数は、集団の場合も、個人の場合もある。

④コーナー保育

子どもが自主的・主体的に活動できるよう、教材や教具が目的別に吟味されたコーナーを保育室内に設ける（p.52の写真参照）。時期や遊びの展開に応じて、子どもといっしょにコーナーを再構成していくことにより、遊びが発展するとともに、子どもが安心して過ごせる場所となる。

⑤交流保育

異年齢の子どもや地域の人々（例えば小学生や高齢者など）との交流活動の機会を設け、関わりの中での成長を期待する。

それぞれの保育形態の特徴を踏まえ、教師間で連携を図りながら、状況に応じて保育形態を吟味し、子ども一人ひとりの健やかな育ちを見守っていきたいものである。

3. 保育の多様性と幼稚園教育の核心にあるもの

『幼稚園教育要領解説』には、「環境を通して教育することは幼児の生活を大切にすることである」という一節がある。幼児期特有の心性や生活の仕方を踏まえ、園生活では、綿密に練られた教育課程を基に、生きる力の基礎となる心情・意欲・態度が育成されるよう、幼児一人ひとりの特性や興味・関心を踏まえながら、さまざまな保育が展開されている。それらは実に多様である。つまり、幼児の生活を大切にし、保育を展開していく方法は、一つの型にはまったやり方に限定されるものではなく、

その地域、その園ならではの特性、ひいては教師一人ひとりの個性を生かしながら、豊かに展開することが望まれるということである（さまざまな教育方針の幼稚園の保育の実際は、本書第3章を参照されたい）。

このように多様な保育を展開していくうえで、幼稚園教育の中核をなす網羅されるべき基本事項として、『幼稚園教育要領解説』では以下の3点を挙げている。

・幼児期にふさわしい生活が展開されるようにすること
・遊びを通しての総合的な指導が行われるようにすること
・一人ひとりの特性に応じた指導が行われるようにすること

「幼児期にふさわしい生活」とは、①教師との信頼関係が構築されており、安心感を持って過ごすことができる生活、②子ども自身の興味や関心に基づき自発的・主体的な直接的体験が得られる生活、③友達との十分な関わり合いの中で成長していくことができる生活である。

次に、「遊びを通しての総合的な指導」とは、幼児期にとっての遊びの意味、すなわち遊びは生活そのものであり、幼児期特有の学びの場となりうることを念頭に置き、友達との遊びを通して培われる言語表現力、社会性、道徳性、運動能力、思考力、想像力……といった諸能力の豊かな相関的発達を理解しながら、幼児の主体性を何よりも尊重して指導を行うことである。

また、一人ひとりの特性（その幼児らしい見方、考え方、感じ方、関わり方など）を理解し、その特性やその幼児が抱えている発達の課題に応じた指導を行うことの大切さが述べられている。この「発達の課題」とは、「○歳児では△△ができるようになる」というような一般的な幼児の姿に合わせて設定される課題のことではなく、「その幼児が今、興味や関心を持ち、行おうとしている活動の中で実現しようとしていること」におけるその幼児ならではの発達課題を意味し、それを把握し、個に応じた指導をすることが大切となる。

このような幼稚園教育の基本にのっとり、各園では幼児期という時期

にふさわしい内容および保育形態を吟味し、多様な体験をしながら心身の調和のとれた発達を期待し、保育を展開しているのである。

第3節　観察の心得

1. 観察の仕方

　幼稚園教育実習Ⅰでは、観察実習が大部分を占める。観察の仕方には、子どもと関わらずに見守る中で学びを深める方法もあれば、子どもたちの生活に加わり体験しながら観察を進める方法もある。観察のスタイルは園の方針に従い、学びを深めていこう。また、気づいたことをサッとメモできるように、ポケットに入る小さなメモ用紙とペンを準備しておくと便利である。

2. 観察の視点

　観察する際には、漠然と見守るのではなく、視点をどこに定めるかが重要となる。例えば、次に挙げるような視点が考えられる。
　①園生活の中での子ども一人ひとりの様子
　子どもが何に興味・関心を持ち、どのようなことに熱中しているのか、行動の中にあるその子ならではの学びは何か、どのような会話が繰り広げられ、どのような力が育まれているのか。
　②保育者の援助や意図
　保育者は、どのようにクラスの子どもたち一人ひとりと接しているか、どのような言葉かけをしているのか、またその意図は何か。
　③環境の構成
　子どもの姿（動線）とさまざまな環境との関係性がどのようになって

いるか。物的環境に関しては、図式化してみるのも効果的である。

その他、一日の流れがどのようになっているのか、教師間の連携がどのように行われているのか、保護者や地域や社会とどのようにつながっているのか、教師としての役割は何かなど、さまざまな視点から学びを深めてほしい。また、昨日のAちゃんの様子と今日のAちゃんの様子といったように、時の流れの中で幼児理解を深めることも重要となる。

客観的な立場から保育の実際を見て真似ぶ（学ぶ）ことは、観察の後の責任実習にもつながってくる重要な機会である。観察の視点を定め、学びを深めていこう。

【引用・参考文献】

大嶋恭二・岡本富郎・倉戸直実・松本峰雄・三神敬子編『保育者のための教育と福祉の事典』建帛社、2012年

小田豊・神長美津子編著『保育の内容・方法を知る指導計画法』（保育ライブラリ）北大路書房、2009年

高橋美保『保育者のための食育サポートブック』（from to 保育者books）ひかりのくに、2010年

西久保禮造『実践ハンドブック幼稚園の教育課程と指導計画』ぎょうせい、2008年

保育小辞典編集委員会編『保育小辞典』大月書店、2006年

文部科学省『幼稚園教育要領解説』フレーベル館、2008年

第5章

実習の内容

岡部　佳子

第*1*節　実習の種類

　実習は、授業で学んだ知識を土台に実際の場でさまざまに経験し、広げ深めていくことのできる貴重な機会である。実習の種類と内容をよく理解して臨むことが大切である。実習園の教職員は、幼児教育の将来の担い手として実習生を育てようとしていること、また子どもたちとの出会いは、実習生はもちろん子どもたちにとっても大切な機会であることを認識しておきたい。

1．観察実習

　観察実習では、幼児の一日の生活の流れを体験したり、幼児の様子や活動、保育者の指導や仕事全般を総合的に把握する。観察実習は教育実習の入り口であり、これから始まる参加実習や責任実習のための基礎となるものである。日々の目標をきちんと立てたり、記録に残したり、疑問があれば質問して解決したりして丁寧に取り組む。観察だからと漫然と受動的に見ていたり、一方でメモに夢中になって子どもの内面や言動が見えてこないことがないようにしたい。しかし、子どもの活動の中に入りすぎては保育や子どもの活動を妨げることになる。実習生としての立場や動きを理解しながら、そのあたりの加減を知ることも重要である。日々の反省をしながら観察実習の効果を上げていきたい。
　実習生は、特定の学級に配属され自己紹介から始まることが多い。幼児に分かりやすく、自己紹介するようにしたい。

〔自己紹介の例〕
　幼稚園の先生になるために学校で勉強しています。○○といいます。
　好きな動物はウサギです（ウサギのペープサートを出す）。

好きな遊びは鬼ごっこです（鬼ごっこの絵を見せる）。
よろしくお願いします。

2. 参加実習

　保育者の助手的な立場で幼児の活動に参加したり、保育者の指導の下に紙芝居をする、絵本を読むなど一日のある部分を受け持ったりする。保育者の意図をくみ取って動いたり、幼児とともに活動したりすることができるため、幼児の実態や理解を観察実習より体験的に学ぶことができる。

　保育者の言葉や指示に対する幼児のさまざまな反応、保育者の態度や対応、保育技術・指導技術を学ぶ。観察実習で見ていることと実際でのギャップにも気づいたり感じたりするであろう。保育室での活動や園庭の使い方、遊具などの安全管理なども、この機会によく学んでおこう。今後の責任実習の指導案立案の前段階となる大切な実習である。

3. 責任実習

　担任保育者の指導を受け、実習生が実際に責任を持って指導をする実習である。指導案を立てて準備をし、実践する。そして評価・反省までの一連の保育活動を経験する。

　ここでは保育者としての自覚はもちろん、自身の持つ保育の知識や技術を総動員させよう。今までの指導の知識や技術、幼児の実態を捉えながらの応用力などが身についてくる。実習の最終段階として理論と実践を結びつけていく。

　自身の課題を発見し、今後の学習に生かすことを目的とする。指導案を立てることで、幼稚園教育が幼児の遊びを中心にしながら意図的・計画的に実践されていることを実感する実習となる。

第2節　観察実習

1．実習園について知る

　幼稚園と一口に言っても、公立・私立、園児数30名くらいから400名以上までの規模、教育方針、教育内容、宗教、また、例えば農村地域、都市の商業地域、郊外の住宅地など、近隣の状況もさまざまである。
　実習園については、ホームページなどで概要を把握してからオリエンテーションに出かけよう。門の前に立ち、説明を受け、園舎を見学したり園児の姿を見たりすると、しだいに具体的な実習園を実感することになるだろう。

2．観察実習の方法と内容

　オリエンテーションで説明を受けたり、見学の機会を得たら、自分なりに幼稚園の一日をイメージトレーニングしてみよう。園児はどのように一日を過ごしているか。職員は一日をどのように過ごしているか。自分自身はどのように一日を過ごすかなどである（**図表1**参照）。

(1) 観察の視点
・規模、教育方針、特色……各年齢が単学級の園から全体で20学級以上の園もある。その規模を生かした、園生活について観察する。また、教育方針や特色は、オリエンテーションでもらう、園の概要のパンフレットをよく読んでおく。
　「〜のような子どもを育てるために〜の経験を取り入れた○○の教育内容を大切にしている」といった表現で表されていることもある。このことが園児の生活にどのように現れているかをよく観察する。園

図表1　観察実習における実習生へのアドバイス

A園の例	B園の例
実習生にはまず、じっくりと保育を観察してもらいたい。幼児の行動や表情、言葉や友達との関わりを客観的に観察するとよい。保育者の表情や動き等、気づいたことを記録していく。何に気づき、何に気づかなかったか、担任と一日の反省をするとよい。その積み重ねの中で、保育者としての幼児理解や保育者の行動が培われていく。	実習が初めての学生でも、子どもたちにとっては大切な人的環境と考える。また観察実習では、子どもとの触れ合いの中や保育者の動きに参加することから、実習生自身が感じたり考えたりすることで、良い観察が生まれる。大切なことは頭の中に置き、メモを取らずに、子どもの中に入って観察してほしい。ときには、手遊びや紙芝居なども進んで経験してみよう。

(筆者作成)

　教育の一番重要な部分であるので、分からないことは質問し理解するよう努める。

・人的環境……実習生の多くは学級に配属され、担任保育者からさまざまなことを学んだり体験したりする。2学級以上ある場合、学級のカラーがあることに気づくであろう。保育者の役割の大きな部分である。学級の幼児の状況、性格、遊びの興味（戸外、室内）、園児一人ひとりへの配慮などを観察する。幼児の名前もできるだけ早く覚え、名前で呼ぶことを心がける。

・園内の配置（保育室・職員室など）……保育室の位置はもちろん、職員室、ホール、絵本の部屋、トイレなど、園舎内の位置はオリエンテーションで記録してあるが、幼児が実際に園舎内をどのように使用して生活しているかを観察する。ホールは自由に出入りしているか、学級ごとに時間を設定しているか、トイレではどのように並び、使用し、手を洗って拭いているかなども知っておく。

・一日の生活リズム……登園から降園までには生活の節目としての活動がある。毎日決まった活動もある。それらの内容や配慮について把握する。園児の受け入れ方や帰り方などを把握し、実習生も素早くてきぱきと対応できるとよい。

・園庭（自然物・遊具）……園庭にある栽培物、遊具、幼児が遊ぶシンボルの木などを把握しておく。

- 保育室(教材・教具配置)……保育室の環境、特にままごと・積み木・粘土等の教具や教材の配置、子どもたちがどのように使用し、片づけているのかを観察する。個人の物、共同で使用する物、いつでも自由に使用する物、活動によって使用する物などについて把握することで、子どもの生活がより理解できる。
- 登園・出席の確認……毎朝、担任はどこで受け入れ、どのように出席を把握しているのか、職員室に何時に報告しているかなどを観察する。
- 所持品の始末……靴の着脱場所、園服やカバン、タオル、コップ、弁当など個人の持ち物の始末の状況は、年齢や時期により、かかる時間も方法も異なる。
- 遊び……遊ぶことは園生活の重要な部分である。何の遊びに興味や関心があるか、保育者がどのような環境(場・教材)を用意し、どのような言葉かけをしているか。
- 片づけ……生活の節目には片づけがある。片づけの指導は大切である。何分かかっているか、どこから始めているか、幼児の取り組み方や友達との協力の様子などを把握しておく。責任実習に役立つ。
- 一斉活動……学級全体での活動では、保育者の立ち位置、前後のトイレや手洗いの指導、準備教材の置き場、グループの作り方などを観察する。
- 昼食……毎日行われることには考えられた手順がある。テーブルの並べ方、配膳、保育者の見守り、衛生面の配慮、食事の仕方への指導、食育に関する話題など、昼食をどのように幼児の生活に位置づけているかを学ぶ。
- 降園……帰りの会は、日々繰り返されることと、その日の指導の振り返りや翌日への期待を持つための時間となる。ここでは、迎えに来る保護者へどのように引き渡し、配慮をしているか、どのような連絡をし、保護者と連携を図っているかなどをよく観察しよう。通園バス利用の場合は、バスのコースごとに異年齢の幼児がどのように集まり、

そこに関わる職員はどのような配慮をしているかを観察する。
・その他（保護者との連携など）……朝、園児を迎え、保育を終えて保護者に手渡して初めて一日が終わる。ほとんどは無事に終わるのであるが、園生活で転んで膝を擦りむいたり、友達どうしの関わりで、たたいたりたたかれたりすることもある。保護者に伝えるときの配慮も学ぶことができる。

(2) 一日の実習の目標を立てる

　保育者は、園の実態の中で保育を組み立て指導している。観察実習といえど、今後の参加実習や責任実習につなげるためにも、毎日の目標を立て、自分なりに日々の実習の成果を積み上げていこう。

　〔**目標の例**〕
　・園児の一日の生活の流れを観察する
　・昼食時の活動や保育者の配慮について観察する
　・片づけの指導について観察する
　・滑り台などの遊具での遊びについて観察する
　・サツマイモを植える指導と園児の言葉を観察する
　・A児の友達との遊びを観察する

　実習を重ねるうちに、自分自身の興味や課題が出てくる。幼児の動きや保育者の指導から、小さな、しかし具体的な目標を立てることで観察実習が生き生きとする。漫然と過ごしていては、得るものも少ない。といって、「保育者の言葉かけを学ぶ」のように大きすぎる目標もまた漫然としてしまう。「保育者の登園時と降園時の言葉かけや配慮を観察する」のように具体的にしていく。自分が何を知りたいのか、何を学びたいのかで、実習の成果は大きく異なってくるのである。
　目標はその日の重点事項とし、その他は一日の流れを記録していく。

第3節　参加実習

1. 参加実習の目的

　保育者や幼児と共に行動することで、実践的に学ぶことができる。幼児の動きは、予定しないハプニングが多いものである。しかし担任は学級の幼児を知り尽くしているので、多くは「想定内の出来事」として、落ち着いてにこやかに、かつ、てきぱきと対応することに驚くであろう。実習生はなによりも経験がないので、遊具の取り合いを見かけただけで大きなリアクションをしてしまい、かえって幼児が過敏反応することになりがちである。参加実習では、実習生も保育者の助手的な動きをし、さまざまな場面でとっさに幼児に関わり、指導することになる。それまでの観察実習での学びに加え、参加実習しながらの学びを積み重ねよう。臨機応変な柔軟な保育者の関わりを学ぶことができるだろう。

2. 参加実習の方法と内容

(1) ねらいと保育の関連を知る

　保育は園の教育課程に基づく細やかな指導計画の下、展開されていく。教材や場所の環境の準備は全て、「ねらいや内容」に沿ったものである。ここでは、朝のうちに、その日の保育がどのように計画されているかを聞いておくとよい。ポイントや配慮点を知らないと、実習生が独りよがりでかってな動きや言葉かけをして失敗することになる。保育の環境は物や人全てが教育環境であることを認識し、その中での保育を実感する。

(2) 幼児を理解する

　特に自由な遊びの場面では、一人の幼児を追って観察したり関わった

りすることで、興味のある事柄や友達との関わりなどを通して理解を深めることができる。観察実習では分からなかった幼児の内面を知ったり、保育者の指導を目の当たりにすることができる。

(3) 保育前後の準備や仕事を体験する

保育終了後の清掃、栽培物の世話、保護者宛ての配布物作成、行事の打ち合わせなど、直接保育に関わらない仕事も多い。また保育の準備や環境構成などを、できる範囲で進んで体験しよう。保育者の手早く効率的な動きに圧倒される体験をすることもあろう。

(4) 保育に参加する

担任が設定した中で、幼児に向かって紙芝居を見せたり、手遊びやクイズをしたりすることがある。指定されたもの以外に実習生が自由に選んでよいこともある。年齢・興味・季節などを考慮し、一日のどの時間帯（昼食前、降園前）か、ねらいは何か、などを指導計画から読み取っていく。その場合は必ず事前に、内容を担任に伝えておく。

さらに、教材の特性を押さえ十分な練習をしておく。それでも、幼児に見つめられて、すっかり上がってしまうことはよくある。とっさのときの手遊びを一つ余分に準備したり、担任の語りかけ方なども参考にしたりして臨むとよい。

第4節 責任実習

1. 責任全日実習の目的

担任に代わって指導する最終段階の実習であり、実習の総仕上げとな

る。一日の指導計画（日案）の立案、準備、実践、評価・反省の全課程など、幼稚園教諭に必要な内容を体験し、学ぶ。ここでは、年齢による幼児の発達や一人ひとりの理解、環境構成、教材準備、展開の工夫など、指導の全てを具体的に学ぶ。

　今までの観察実習や参加実習は、この日に向けての準備の実習と言っても過言ではない。実習で学んできたことを生かして総合的に自分の力を発揮していく。

　実習生にとっては特別で、大変な一日となる。しかし、幼児にとっては昨日の続きの、いつもの一日であることを忘れず、幼児にとって自然な流れの楽しい日となるようにしたい。幼児の大切な一日を提供していただくという気持ちを忘れずに取り組んでほしい。

　幼児を指導するとはどういうことか、今までの知識や実習の成果が問われてくる。実習生にとって責任実習は重く、自身の課題を突き付けられて落ち込むこともあるだろう。しかし、最終段階を迎えたという自信を持って、失敗を恐れず、前向きに幼児と向き合い取り組んでいきたい。

2．責任実習の方法と内容

　自分で立案した指導内容を、誰の助けも借りずに展開していく。ともすると、指導案にとらわれて無理やり進めてしまうことや、幼児の思いがけない反応に戸惑って立ち尽くす場合があるかもしれない。園長や主任、他の教諭など多くの人に見守られて責任実習をする場合もある。

(1) 主な活動について

　責任実習の指導案は、その前後の幼児の生活とかけ離れないように立案する。ねらいを立て、内容を吟味していく。一日の主な活動を考えていくとき、数少ない手持ち教材の中からでは、なかなか実習先の幼児の生活にふさわしいものが考えられない。実習園や配属年齢が決まった時点で、教材研究を自分なりに進めておくことが大切になる。日程が決

まったら、遅くとも3日前には指導案を指導教諭に提出し、指導を受けておく。何度か書き直すことになるので、余裕を持って行う。

(2) 主活動の例と配慮
①絵画や製作
　季節や幼児の生活の中で興味・関心を持つだろうと思える内容や、年齢発達にふさわしい題材を選ぶ。作って終わりではなく、作ったもので遊んだり、壁面に飾ったりすることで幼児の意欲や達成感は増してくる。教材・教具のほか、机などの場を丁寧に準備する。製作の過程の説明や導入の教材を手作りしておくと、幼児はいっそう興味を持つ。

②運動遊びゲーム
　ホールや園庭で身体を使って遊ぶことは幼児の興味をひく。ボールや縄、バトンなどの利用、ラインを引いて場を作ることなど、器具の数や場の大きさなどに関して事前に指導教諭とよく相談し、指導を受ける。

③楽器を使った遊びや歌や踊りの指導
　新しい歌や曲を使った指導も幼児は興味を持つ。分かりやすくやや大げさな動き、明るく楽しい表情や繰り返し数などの指導の工夫をする導入や展開には、絵を描くなど視聴覚教材を利用すると幼児の興味をひきやすく、遊びの内容を理解しやすい。実習生にとって、言葉だけで進めていくのは子どもたちを集中させることが難しい。さらに、丁寧な展開案や説明を準備しても、話が長すぎて幼児自身の活動時間が短くなることがある。メリハリをつけ、短時間で要領よく伝え、幼児が活動そのものを楽しめるように工夫していく。

第5節　自分自身の課題の明確化

1. 自分自身の発見

　実習は、自分のこれまでの知識や保育技術を活用して実際に体験し、そこから今後の自身の学びの方向性を見いだすものである。楽しかった場面もあれば、反省する場面が多いこともある。反省がなければ次へは進めない。また、自信が持てたことにはさらに磨きをかけることになろう。

　日頃の自分自身と異なり、幼児の前に出ると意外と違った面を発見し、仕事への適性をいっそう感じることもある。実習後は、見学してくださった園長や指導教諭の、それぞれの経験の中から貴重な指導がある。謙虚に受け止め、翌日または次回の実習に生かせるようにする。

〔実習生の記録・反省から〕
Ａ：子どもから話しかけられたとき、何と答えたらよいか悩んでしまった。困っていないで、笑顔で素早く対応できるとよいと指導を受けた。子どもに対しては堂々としていることが大切だと感じた。また、言葉遣いもふだんから気をつけたいと思った。
Ｂ：責任実習ではすっかり上がってしまい、説明の順番を間違えた。最後は先生に助けてもらった。落ち込んでいたら、ＣちゃんやＤ君が、作ったブーメランを投げるのが楽しいと言っていたのでとてもうれしかった。

2. 今後の学びへの課題を見つける

　実習では大きな目標と、日々の自分なりの小さな目標をしっかり立てて、意識を持って幼児を理解し、活動の意味を学び、保育者の仕事の一

端を経験する。多くは幼児のかわいらしさとともに、一人の人間としての尊厳も味わうことになる。保育者は幼児の育つ力を引き出し、日々の保育計画を立て、反省し、翌日の準備をする。教育目標に向かって園全体が運営されているのである。

　幼児理解や発達について理解を深めることや、幼稚園教育要領にあるように人格形成の基礎を培うことは、簡単なことではない。しかし、幼児と関わり、力を発揮していくことはやりがいのある仕事である。養成校に戻り、実習を振り返ることで、それぞれの授業の意味をいっそう理解して積極的に取り組んでいきたい。教材研究や指導技術を学び力を高めていくことの重要性に気づいたら、実習の意義はあったと言える。実習園で出会った教員の真摯な姿を目標とし、次のステップに向かって学ぼうという意欲が何よりの成果である。

【引用・参考文献】

塩美佐枝・新澤誠治・小林研介編「保育環境プランニングブック〈2〉3・4・5歳児の保育環境」チャイルド本社、2001年

永岡書店編集部『DVDとイラストでよくわかる！手あそびうたブック』永岡書店、2006年

福音館書店編集部『おじいさんがかぶをうえました──月刊絵本「子どものとも」50年のあゆみ』福音館書店、2005年

宮地明子『かんたん！楽しい！12か月の製作あそびアイデアBOOK』（ナツメ社保育シリーズ）ナツメ社、2011年

第6章

実習に際しての留意点

岸　優子

第1節　実習生の受け入れ体制

　幼稚園での実地実習は、実習生が所属する大学・短期大学・専門学校等の養成校の責任において行う授業の一環である。実習生の個人的・私的な依頼によって実現する訓練・修行ではなく、いわんや、ただ働きのアルバイトでもない。というのも、実地実習は、保育の対象である子どもを必要とする以上、養成校の構内で行うことができない性質のもので、養成校―教育委員会（実習園が公立幼稚園の場合）―幼稚園の連携・協力関係に基づく公的な取り決めの中で実施されるものだからである。幼稚園は養成校からの公的な依頼を受けて、ある一定期間、実習生を引き受けることになる。

　実習生を受け入れ指導することは、幼稚園にとっては、通常の保育業務の一環ではない。実習生を受け入れることは、時間的・精神的・物理的に非常に負担が大きいにもかかわらず、これからの保育者を育てたいという使命感や熱意の表れ、将来の保育者を育てることに協力しようという幼稚園側の厚意の表れとして初めて実現するのである。したがって、実習生は、実地実習が、受け入れ園である園長先生や指導担当の先生方をはじめ、実習に関わるさまざまな人々の協力体制によって支えられていることを十分に自覚して、教育者を目指す実習生として責任ある行動をとるように心がける必要がある。

　中には保育業務に手いっぱいで実習生を受け入れる余裕のない幼稚園も多く、また実習生が無責任な行動をとったために実習を中断・拒否する幼稚園も現実にはある。このような実情を踏まえて、以下、実習の流れに沿って、実習生としての注意点と責任に言及する。

第2節　実習生としての注意点

　実地実習の時期・要件は、所属する養成校によって異なるが、一般的には次のような流れで実施される。この流れに沿って、実習生としての注意点を列挙すると、おおまかに以下の①〜⑭となる。

①履修要件の確認

　実地実習を履修するために、養成校が規定する要件を満たす必要がある。一般に「教職科目何単位以上履修のこと」というハードルが設けられている場合があるので、十分に注意することが必要である。

②実習園希望調査・調整

　実習先については、養成校が提示する協力園一覧表から選択することが一般的であるが、将来の就職のことを考慮して実習先の自己開拓を容認・推薦する場合もある。

③実習園の決定

　実習先は、基本的に養成校が、協力園の実習生受け入れの有無、男女の区別、時期、人数枠と、実習生の成績、ボランティア活動の有無、居住地などを総合的に判断して決定することになる。日頃の学習を怠らないことが、希望の実習先に行けるかどうかを決めるだけでなく、将来の就職先を決定する場合もあることを念頭に慎重な選択が必要である。

④誓約書などの書類の提出

　実習生は、実習先との間で誓約書を取り交わす場合もある。誓約書には、後述する「個人情報保護法」や、実習先の教育方針を遵守することなどが記載されているので、十分に理解することを心がける。

⑤実習計画書の作成

　実習生は、実習園で何を学ぶのかについて、具体的な実習目標を明確にすることが求められる（第5章、第11章〜第13章を参照）。

⑥実習巡回教員の決定

　実習中には、原則として、養成校教員が少なくとも1回、巡回指導することによって、実習園と協力しながら実習生を育てることになっている場合がある。また実習生は、実習中何かあれば、実習巡回教員に連絡を取り、相談できる体制になっている場合もある。実習生は、自分の実習巡回教員を確認しておく。

⑦事前訪問報告書の作成

　実習に先立って実習園を訪問し、園の概況や教育方針の説明を受けたり、実習期間、担当のクラス、実習プログラム（予定表）、課題準備（絵本の選定、読み聞かせやピアノの練習など）の確認をしたりする場合がある。何が説明され、確認されたかについて養成校に詳細に報告することによって、あらためて実習の内容を理解するよう努める。

⑧実習巡回教員との事前面接指導

　実習に先立って、実習巡回教員と面接し、社会人としての一般的な常識（時間を厳守する、遅刻や無断欠席をしない、挨拶をする、正しい日本語を話す、適切な敬語を使用する）が身についているかどうか、また、実習生としての自己認識（実習園で学ぶ課題・目標を認識する、責任を自覚する）があるかどうかがチェックされる。一般的な常識は、短期間で身につくものではないので、日頃から保育に対して関心を持つとともに、社会人としての自覚を持って行動することを心がける。

⑨実習記録簿・日誌の作成と提出

　実習が始まると、毎日、実習記録簿・日誌を作成し、幼稚園の実習指導教諭の指導を受ける。実習終了後、いったん幼稚園に提出し、園長や実習指導教諭の評価を受けてから養成校に提出する。養成校は、評価をして実習生に返却することになる（第7章参照）。

⑩振り返り、自己評価表の作成

　実習が終わると、実習中に学んだことを振り返り、自己評価して、養成校に提出する場合がある。実習巡回教員との事後面接指導や実習担当

教員による事後指導（授業）の際に資料として使用される場合もある。客観的な目で自己と向き合うことは、自分の力で成長していくために最も必要なステップとなるので、真剣に自己と向き合うこと。

⑪実習園への礼状の送付

実地実習終了後、速やかに、お世話になった実習園へ感謝の手紙を書く。第1節でも述べたように、実地実習は、これからの保育者を育てたいという幼稚園の使命感や熱意の表れ、将来の保育者を育てることに協力しようという幼稚園の厚意の表れなので、その点に十分留意して、感謝の気持ちをこめて礼状を書くようにする。

⑫実習巡回教員との事後面接指導

実習終了後、実習巡回教員と個別に面談して、実習園での体験を振り返る。巡回指導で受けた注意点や問題点を整理することによって、自己を知るための糧にする。

⑬事後指導の受講

養成校の実習担当教員の授業で、実地実習を振り返る。個別の実習経験をクラス全員で共有し、教育の一般的な理論と結びつけることによって、自分という枠を超えた教育者へと成長するための手がかりにする。

⑭成績評価の確認

年度末に、養成校での授業（事前指導と事後指導）の評価と、実習園での評価（幼稚園による評価）を総合して「教育実習」という科目の成績が評価され、単位が認定される。実習生の中には、実習園でのみがんばればよいと誤解して、事前・事後指導を怠るような者がいるが、そのようなことをすれば、単位の認定はおぼつかなくなる。学生には、事前・事後指導を含めた長期的・持続的な学習が求められるのである。

以上、教育実習の学びは、「実習生」「養成校」「幼稚園」そして何よりも「幼児」との四者関係の中で成立することに留意しなければならない。

第3節　実習生としての責任

　実習生は、これから幼稚園教員という教職に就こうとしている学生であり、幼稚園での実習指導教諭に対しては、指導を受けている「学生」であると同時に、幼児に対しては、保育する「教員」として関わることになる。実習生は、いまだ教員免許状を持たず、教員採用試験に合格していないにもかかわらず、子どもたちに対しては「先生」と紹介され、幼稚園教員として職務の一部を実際に担当することになるからである。

　したがって実習生は、一方では「学生」として、実習指導教諭と密接な連絡をとり、十分に指導を受ける義務があり、いかなる行動も実習指導教諭の「許可・指示」を受けて行動し、決して自分勝手な判断で行動することは許されない。実習生は、何事においても「報告・連絡・相談・点検・確認」——いわゆるホウ（報告）レン（連絡）ソウ（相談）——を心がける必要がある。また、実習園の独自性を尊重し、教育理念、教育方針、園内規則などを十分理解し遵守することも必要となる。

　実習生は、他方、同時に、幼児に対しては、「教員」としての使命・責任を自覚して行動する必要がある。もちろん、いずれの場合でも、社会人としての常識に基づいた言葉遣い・行動・態度が要求されることは言うまでもない。では、実習園の「教員」として自覚すべき使命・責任には、どのようなものがあるのだろうか。

1. 教員としての使命

　2006年、教育基本法は制定以来約60年ぶりに、初めて全面的に大改正された。第9条（教員）、第10条（家庭教育）、第11条（幼児期の教育）、第13条（学校、家庭及び地域住民等の相互の連携協力）等に新たな条文を設定し、その重要性を強調している。

第9条　法律に定める学校の教員は、自己の崇高な使命を深く自覚し、絶えず研究と修養に励み、その職責の遂行に努めなければならない。(第2項略)

第10条　父母その他の保護者は、子の教育について第一義的責任を有するものであって、生活のために必要な習慣を身に付けさせるとともに、自立心を育成し、心身の調和のとれた発達を図るよう努めるものとする。

(第2項略)

第11条　幼児期の教育は、生涯にわたる人格形成の基礎を培う重要なものであることにかんがみ、国及び地方公共団体は、幼児の健やかな成長に資する良好な環境の整備その他適当な方法によって、その振興に努めなければならない。

第13条　学校、家庭及び地域住民その他の関係者は、教育におけるそれぞれの役割と責任を自覚するとともに、相互の連携及び協力に努めるものとする。

　これらの条文は、幼児期の教育が重要であること、家庭教育が原点であって、保護者が子どもの教育について第一義的責任を有することを定めたうえで、学校である幼稚園（教員）は家庭（親）と連携して、子どもの教育を支えていくことがますます必要であることを法的にも再確認したものと言える。実習生は、このような教員の使命を常に自覚していく必要があるが、そのためには、教育者に必要な倫理、知識、技術、判断を、時間をかけて身につけていくことが求められる。

　この教育基本法の大改正は、その後に続く教員養成改革への第一歩ともなり、まず教育職員免許法が改正された。その結果2009年度から、教員に10年ごとの更新講習の受講を義務づける教員免許更新制が実施されるようになったのである。「教員」と呼ばれる者ではあっても、初めから一人前の完璧な教育者であるわけではない。教員免許更新制には、社会のニーズに応える教員の再生システムという側面がある。他方、都道

府県は「地方教育行政の組織及び運営に関する法律」(第47条の2)に基づいて「指導力不足教員」を認定し、適切な措置を講じる施策を実施した。教員には、長い教職生活を通して、より良い教員を目指して日々成長していくことが求められているのである。

実習生は、教員に準じる教育者として、幼稚園に勤務し、期待される職務を果たし、かけがえのない子どもとの出会いを体験し、教育的働きかけを通して、自らの理想を実現する教員になる第一歩を記すことになるのである。そのため実習生は、幼稚園指導教諭の「指導・指示」の下で、限定的な形ではあるが(保護者と直接的には関わらない、子どもの「指導要録」には記入しない、職員会議に必ず出席するわけではない等)、教員として行動することが求められる。

以下において、教員が自覚すべき義務(職務への専念、守秘義務、信用失墜行為の禁止、専門性の追求、保健・安全・危機管理への意識)を概観する。ただし、教員の義務を定める規定は、個人情報の保護に関する法律や学校保健安全法などのほか、所属する幼稚園が国立、公立、私立のいずれであるかによって、その適用には違いがある。すなわち、国立大学法人の幼稚園の教員は各国立大学法人が定める就業規則、公立幼稚園の教員は地方公務員法の定めるところに規定されるが、私立幼稚園の教員は、それぞれの幼稚園が独自に定める就業規則によって規定されている。その意味では、確かに教員の社会的な立場には微妙な違いがあるが、子どもを育てる教育者として遵守すべき事項に基本的な違いはない。実習生は、このことを十分に理解して行動することが求められる。以下、主として公立幼稚園と私立幼稚園の場合を概観することにする。

2. 職務への専念

実習生は、実習の期間中、実習に専念することが求められる。実習生の中には、実習期間中にアルバイトをする学生もいるが、これは教員に準じる実習生にとっては慎むべきことである。公立幼稚園の場合は、次

に示す地方公務員法第35条（職務に専念する義務）と、第38条（営利企業等の従事制限）の規定がある。

> 第35条　職員は、法律又は条例に特別の定がある場合を除く外、その勤務時間及び職務上の注意力のすべてをその職責遂行のために用い、当該地方公共団体がなすべき責を有する職務にのみ従事しなければならない。
>
> 第38条　職員は、任命権者の許可を受けなければ、営利を目的とする私企業を営むことを目的とする会社その他の団体の役員その他人事委員会規則（人事委員会を置かない地方公共団体においては、地方公共団体の規則）で定める地位を兼ね、若しくは自ら営利を目的とする私企業を営み、又は報酬を得ていかなる事業若しくは事務にも従事してはならない。（第2項略）

　この条文は、教員のいわゆる「副業」を禁止するものであるが、実習生もまた、その職務を遂行するために、実習期間中のアルバイトを慎むべきである。実習生といえども、一日のうち実習時間だけ教員であるのではなく、全実習期間を通して、教員としての職務を遂行することが求められるのである。

　私立幼稚園の場合、副業の可否についてはそれぞれの幼稚園の就業規則に定められており、実習生は、公立幼稚園の教員に準じて行動することが求められるのである。

3．守秘義務

　幼稚園教員は、日常の保育や子育て支援を通して、さまざまな個人的な情報・秘密を知ることになる。教員は、対人援助に関わる専門職として、これら保育の対象である幼児や保護者についての個人情報を適正に取り扱うことを厳守し、個人情報を保護し、秘密を守ることは当然の責務である。地方公務員法第34条は、次のように規定している。

第34条　職員は、職務上知り得た秘密を漏らしてはならない。その職を退いた後も、また、同様とする。

ちなみに、幼稚園教員と同じように、子どもの保育に携わっている保育士について、児童福祉法第18条の22は次のように定めている。

第18条の22　保育士は、正当な理由がなく、その業務に関して知り得た人の秘密を漏らしてはならない。保育士でなくなった後においても、同様とする。

私立幼稚園の場合、「個人情報の保護に関する法律」（2005年4月1日全面施行）を遵守することが、事業主である幼稚園に求められ、個々の教員は、就業規則の形で、個人情報を保護することが求められている。

第2条　この法律において「個人情報」とは、生存する個人に関する情報であって、当該情報に含まれる氏名、生年月日その他の記述等により特定の個人を識別することができるもの（他の情報と容易に照合することができ、それにより特定の個人を識別することができることとなるものを含む。）をいう。（以下略）
第3条　個人情報は、個人の人格尊重の理念の下に慎重に取り扱われるべきものであることにかんがみ、その適正な取扱いが図られなければならない。

また、2004年には、文部科学省によって「学校における生徒等に関する個人情報の適正な取扱いを確保するために事業者が講ずべき措置に関する指針」も定められた。

これら関連する諸法令を遵守することは対人援助専門職の原則であり、実地実習を行う実習生にも適用されるのである。実習生は、実習園にお

いて個人情報の保護のために、具体的にどのような配慮、扱い方、ルール作りがなされているのかについても学んでいくという姿勢で臨むことが必要となる。ただし、実習生自身に関する個人情報も守られるべきものであるということも理解しておく必要がある。

4. 信用失墜行為の禁止

地方公務員法第33条は、教員の信用失墜行為を禁止している。

> 第33条　職員は、その職の信用を傷つけ、又は職員の職全体の不名誉となるような行為をしてはならない。

「信用失墜行為」とは、教員の職務遂行に直接関係がある行為だけでなく、職務に直接関係のない行為であっても、「その職の信用を傷つけ」たり「職員の職全体の不名誉となる」ものであったりすれば、それを含むことになる。ただし、具体的にどのような行為が信用失墜行為に当たるかを、一般的な基準を立てて述べることは困難であり、社会通念に照らして個別的・具体的に判断される。実習生といえども、教員に準じる者である以上、教員の信用を失墜させる行為は厳に慎むべきである。

5. 幼児教育者としての専門性の追求

文部科学省による幼稚園教員の資質向上に関する調査研究協力者会議報告書「幼稚園教員の資質向上について――自ら学ぶ幼稚園教員のために」（2002年6月24日）は、幼稚園教員に求められる専門性について、次の9つの観点を挙げている。

①幼稚園教員としての資質
　豊かな人間性・使命感・情熱を持つこと。
②幼児理解・総合的に指導する力
　幼児期の特性に応じて指導する力を持つこと。

③具体的に保育を構想する力、実践力

自らの豊かな体験を積極的に積むことで、個々の幼児に応じた保育を構想し、実践する力を養うこと。

④得意分野の育成、教員集団の一員としての協働性

個性あふれる教員どうしがコミュニケーションを図りつつ、教員集団の一員として協働関係を構築し、園全体として教育活動を展開していくこと。

⑤特別な教育的配慮を要する幼児に対応する力

発達の側面から一人ひとりの幼児へ対応すること。障害のある幼児、外国籍の幼児に応じた対応をすること。

⑥小学校や保育所との連携を推進する力

幼児期から児童期への円滑な移行と一貫した流れを作るための実行力や企画力を持つこと。

⑦保護者及び地域社会との関係を構築する力

幼稚園・家庭・地域社会の関係を深め、円滑にコミュニケーションをとることで、子育て支援活動を展開すること。

⑧園長など管理職が発揮するリーダーシップ

園長等が自らのリーダーシップを発揮できるよう、自己管理と自らの資質向上に努めること。

⑨人権に対する理解

人権についての正確な理解に基づき、幼児が互いを尊重し、社会の基本的なルールの存在に気づき、それに従った行動ができるような素地を身につけるように指導する力を持つこと。

幼稚園の教員は、人権に対する理解を基盤にして「幼児一人ひとりに対してより柔軟に対応すること」が求められているのである。そのためには、これからの教員は得意分野を持ち、教師集団としてのチームワークを発揮できるよう、個性あふれる教員どうしがコミュニケーションを

図りつつ園全体で教育活動を展開していくことが必要なのである。さらに、現在、幼保一体化の制度改革が進んでおり、今後、保育士をはじめとする他職種の専門家との協働・連携もいっそう必要になる。

このような観点から、実習生は、一方では一人ひとりの教員の持ち味を学びながら、他方では園全体におけるチーム保育としての協働性を学んでいくことも必要となる。さらに、幼稚園が近隣の小学校や保育所とどのように連携し、地域の幼児教育センターとしてどのように機能しているのかについて目を向けることも重要なことである。

6. 保健・安全・危機管理への意識

幼稚園における保健等の管理については、学校教育法（第12条）に規定されている。さらに具体的には、学校保健法が2008年に大改正されて学校保健安全法と改称され、その詳細が規定されている。

> 第1条　この法律は、学校における児童生徒等及び職員の健康の保持増進を図るため、学校における保健管理に関し必要な事項を定めるとともに、学校における教育活動が安全な環境において実施され、児童生徒等の安全の確保が図られるよう、学校における安全管理に関し必要な事項を定め、もつて学校教育の円滑な実施とその成果の確保に資することを目的とする。

改正の背景には、①メンタルヘルスに関する問題やアレルギー疾患を抱える子どもの増加、②学校で子どもが被害者となる事件・事故・災害などの発生、③学校における食育の推進の高まり、が挙げられる。

幼稚園にとっては、特に、幼児が安心かつ快適に、安全に過ごせるための環境を確保する保健・安全・危機管理が極めて重要となる。幼稚園が、諸法令に基づいて、幼児の安全管理に関わるさまざまな計画を策定するとともに、事故、加害行為、災害などに対処するために、学校安全

計画を策定し（第27条）、「危険等発生時において当該学校の職員が取るべき措置の具体的内容及び手順を定めた対処要領」として「危険等発生時対処要領」を作成することを定めている（第29条）。

　実習生は、それぞれの幼稚園が独自に定める「危機管理マニュアル」を周知しておくことも重要である。幼稚園が、幼児の命を守り、安心して安全な教育環境を担保するためにどのような配慮をしているのかを学ぶことは必要なことである。例えば、防災・防犯対策や避難訓練、不審者のチェックや昼間の門扉閉鎖など、日々予防のために実践されている危機管理に目を向けてみることも大切なことである。

　実習生は、以上のことを踏まえ、謙虚に学ぶ姿勢を基盤にして、実習に積極的・意欲的に取り組むことが必要である。実習生は、自己の将来の教員としての力量をイメージしながら、今後、幼児に信頼される教育者になるにはどのようなことが必要なのかを日々問いながら実習に臨むことが求められる。

【引用・参考文献】

　市川須美子・浦野東洋一・小野田正利・窪田眞二・中嶋哲彦・成嶋隆編『教育小六法〔平成24年版〕』学陽書房、2012年

　森上史朗監修、大豆生田啓友・三谷大紀編『最新保育資料集〈2012〉』ミネルヴァ書房、2012年

　谷田貝公昭・上野通子編『これだけは身につけたい保育者の常識67』一藝社、2006年

第7章

日誌・記録の意義

野末　晃秀

第1節　実習日誌・記録の必要性

1. なぜ日誌・記録が必要なのか

　幼稚園における実習とは、学内だけでは学ぶことのできない体験を通して、実際の保育が実践されている場において、日々の活動の中からさまざまな事柄を学ぶ貴重な時間である。そのような実習期間に日々の学習内容やカリキュラム、観察記録、子どもの様子などを記録したものが実習日誌と言えよう。配属された園や、各教育機関、あるいは養成校においてその記録形式などは異なることもあるが、基本的な日誌の内容や意味は同じものと言える。それではまず最初に、なぜ日誌を記すことが必要なのか、まずその意義について考えてみたい。
　日誌を記すことには、以下の意味が存在することが考えられる。
　①幼稚園においてどのように保育が行われているかを整理・記録し理解する。
　②幼稚園において保育者と子どもたちはどのように関わり合い、どのような活動を行っているのかを整理・記録する。
　③上記の2点に関して、自分がどのような感想を持ち、どのような疑問を持ったかを記録する。
　④一日の自分の保育への関わりをあらためて見直し、自分の評価と反省につなげる。
　⑤与えられた時間内に、決められた書類・文章をまとめて記し、提出する練習を行う。
　①の「どのような保育が行われているかを整理・記録すること」は日誌の基本的な意味でもあり、配属された園のどのような場所で、どのような保育理念を持ち、日々の保育がどういう時間帯で運営されているか

などを理解していくうえでの重要な記録と言えよう。この記録を正確に分かりやすく記しておくことにより、自分が保育活動に参加するときに大いに役立つ。実践されている保育内容を、できるだけ時系列に分かりやすくまとめることが望ましい。また、必要な場合には、保育室内の設定や子どもたちの体形なども、図などを用いることで分かりやすく記すこともよい。

②の「保育者と子どもたちとの関わり合い」を記すことも、たいへん重要である。実際に自分が保育者となったときに、子どもとどのような関わり合いを持つか、どのような対応を行うべきかを学ぶことはもちろんだが、実習時に詳細に観察し記録をつけておくことで、自らが責任実習などを任されたときに有効な資料となる。そのため、保育者と子どもたちの関わり合いは、どのような場所で、どのような時間に、どういう状況下で行われていたかを、できるだけ主観を交えずに、客観的な事実を記しておくことが大切である。

そのうえで項目を別にして、保育に関する感想や質問などの主観的な内容を記すことも忘れてはならない。日誌は、事実を記した記録としてだけではなく、保育者を目指す学生にとっては貴重な資料にもなりうる。

保育の現場における質問や疑問、感想、あるいは保育者の対応や子どもの反応・行動に関する疑問や質問などを、簡潔にまとめて日誌の中に記すことで、直接の指導教諭から返答をもらえる場合もある。そのためにも、自分が理解できなかった点などは、虚心坦懐に記してみることも大切である。

2. 日誌を通しての評価と反省

さらに実習日誌は、自分が責任実習や参加実習などで行った実践に関して、評価と反省を行うための良き資料となることも忘れてはならない。従来、幼稚園の保育の評価についてはあまり関心が高かったとは言えない。しかし、保育のよりいっそうの向上と、保育者（および保育者を目

指す者）の研鑽のためにも、保育後の評価と反省は不可欠なものである。実習日誌に自分の反省や自己評価、あるいは反省会などで受けた言葉や指導を詳細に記録しておくことにより、その後の自らの保育へ効果的な影響を与えることにもつながるのではないだろうか。保育日誌を記すという行為は、定められた時間内に、決められた形の文章・書類を提出するということである。どの社会においても、報告書やレポート、稟議書や企画書などを記す機会は必ず訪れる。そのためにも、決められたフォーマットで、決められた時間内に、誤字・脱字のないように、あるいは正確な文章表記や表現、的確な文体を用いて事象をまとめるという行為は、必ず役に立つことと思う。

　実習そのものは楽しかったが、実習日誌を記すことは苦痛であった、あるいはなかなか書くことができずに毎晩夜遅くまで時間を費やしてしまい、肝心の実習そのものにも影響してしまった、という声も聞く。しかし、いずれその苦労は必ず報われることになると思う。毎日、決して少なくない文章量の実習日誌を書くことは、楽な作業ではないかもしれないが、期限を厳守して提出することに努力してほしい。

第2節　実際の記入方法

1．日誌を記載するために必要なこと

　正確な日誌を記すためには、保育が行われている場所において、その保育活動や子どもの姿などを記録しておくことが望ましい。そのため保育中にメモを記すなど、印象的な事柄や時間軸などを中心とした記録を書いておくことも大切である。ただし、教育機関の中には、保育時間にメモを取ることを許可しない場合もあるし、詳細なメモを記すことばか

りに気を取られ保育活動に積極的に参加できなくなったり、あるいは書くことに集中するあまり、より大切な事象に気づかず、見逃してしまうこともある。

そのため保育中に記録を取る場合には、実習日誌用に記録をとってよいかどうかを、あらかじめ幼稚園の責任者に確認したうえで行ったほうがよいだろう。また一つ一つの事柄を詳細に記すことにとらわれず、自分が一番気になった点、時間の経緯、保育者の対応といった、特に大切な点を簡潔にまとめ、後で文章にまとめられるような練習を行っておくことも大切である。

保育中にメモ用の文章を書くことだけに気を取られては、保育活動に参加したことにはならないし、その姿を子どもたちが気にかけてしまい、本来の保育活動の妨げになってしまうこともあるため、できるだけ小さいメモ用紙に、目立たないように記すほうがよいだろう。

2．実際の記載方法

(1) 日誌に使用する文体

日誌を学校・教育機関に提出するための正式な書類の一環と考えたならば、口語体ではなく、文語体を用いて記すことが望ましい。昨今、メールやチャットなどの普及により、話し言葉を用いてのコミュニケーションが多く、正式な形での文章を記す機会がますます減っていると思われる。その観点から考えても、文語体で記すことを実習期間に練習しておくことは、やがて社会に出たときにも必ず役に立つ。

だが、必ず文語体で記すことが必要かどうかは、各学校、実習先の園の方針などもあるため、あらかじめ確認をしておくことが必要である。

また、昨今ではプライバシーや個人情報保護の観点から、園児の実名記載、あるいは情報の外部流出に神経をとがらせている場合も多い。子どもの名前（あるいは保育者の名前）を実習日誌に記す場合には、あらかじめ配属園の指導担当者に確認しておいたほうがよいだろう（実名記

載を禁止された場合には、その代わりとして「A君」「Bちゃん」という形で、日誌に記載するようにと指導されることが多い）。

(2) 保育日誌記述の留意点

①実習園の保育内容の批評・批判、また特定の保育者や子どもに対する批評・批判的な記載はしない

　実習日誌には、気がついた点や感想などを記す項目が設けられている場合も多いが、その場合、受け入れ園に対しての批評・批判的な内容を記すことは避けるべきである。実習に参加するという立場から、謙虚に気がついた点や質問・疑問を記載することは大切だが、その範囲を超えて批判的な内容、批評的な意見を記すことはふさわしくはないし、目上の相手に悪い印象を与えることとなる。あくまでも指導を受けているという自分の立場を忘れず、相手に対しても実習園に対しても失礼のないような内容・用語を用いて実習日誌は記すべきである。

②誤字・脱字のないように配慮する

　文章を記すうえでの基本的なことではあるが、誤字・脱字、改行のルール、句読点の使い方などに間違いのないように心がける。最近ではパソコンや携帯メールの普及に伴い、実際にペンや鉛筆を使用して文章を書く機会が減っている。そのために、漢字に関しては、正しくない文字、送り仮名のミス、当て字の使用などが多い。

　さらに、丁寧な表現（あるいは、子どもに分かりやすい表現）と勘違いして、「いす」を「おいす」、「年長」を「年長さん」などと記す例も多いが、いずれも実習日誌に記す場合には、簡潔な用語を使用したほうがよいだろう。

　また、「父兄」といった用語も昨今では「保護者」という言葉を用いることがほとんどであるし、「教諭」「先生」という用語に関しても、「保育者」という言葉を用いる傾向にある。

③「思う」を多用しないこと

　実習日誌にかかわらず、「思う」という表現は使用しやすく、また文末をまとめやすい表現でもあるため、つい多用しがちである。だが、「思う」のであれば、それなりの理由を説明するべきであるし、疑問などを感じたこと、あるいは自分なりの考察などもそこに記載されてしかるべきであろう。

　そのほか、適切な長さでの改行や、句読点の使い方に留意することにより、より読みやすい文章とすることができる。だらだらと改行もなく一つの文章が続いていたり、いつまでも文章に区切りがないものは、読みにくいだけではなく、本当に伝えたいことは何かという点が分かりにくくなってしまうため、適宜改行し、句読点を用いて文章を記すことも大切である。

　また、文字を間違えてしまった場合の訂正方法だが、修正インクを使用してもよい園、その部分に新しい用紙の添付を要求する園、大幅な間違いがあった場合、新たに書き直しを要求する園など、その基準はさまざまである。もし訂正方法が不安な場合には、実習受け入れ園の担当者に直接質問をしておくほうがよいだろう。

　以上のようなことを踏まえたうえで、一番重要なことは、言うまでもなく実習日誌を毎日ためることなくきちんと記し、提出期限を守るようにすることである。実習した日に園で記入することを指定する園、家に帰った後に記し、翌日に提出するように指導する園など、要求基準はそれぞれ異なるが、いずれの場合にも必ず期限を守って提出することは最低限のマナーであり、実習生に与えられた義務の一つである。訓練と考えて、提出期限内に実習日誌を提出することを厳守してほしい。

第3節　日誌・記録の種類

1. 事前指導（ガイダンス）と日誌

　実習には、あらかじめ挨拶のため実習園を訪れ、実習時の諸注意などの指導を行う「事前ガイダンス」が必要である。では、事前指導時に記す日誌にはどのような内容を記載するべきか、考えてみたい。

　具体的にガイダンス時点で日誌に記す内容は、園名、職員構成、園児人数、クラス編成、園舎・園庭の配置図、園の沿革や保育方針などである。これらに関する資料などを受け取った場合は、間違えることのないように転記したい。また園の沿革や保育方針などは、パンフレットなどに記載されている場合も、単にまる写しにするだけではなく、園の指導や説明を受けた後でその内容をよく理解し、不明な点などは質問をして確認した後に記載するように心がけたい。

　ガイダンス時に記す実習日誌は、以上のような点以外にも、出勤時刻、保育中の持ち物、あらかじめ準備する教材、服装、言葉遣い、さらに実習に臨む自分の心構えなどを簡潔にまとめて記すことも大切である。さらに、オリエンテーションを受け、自分はどのような感想を持ったか、あるいはどのように臨むことを決意したかに関してもまとめておくと、実習後などには良い記録となると思われる。

2. 見学・観察実習と日誌

　実際に実習が始まると、まず最初の段階は、保育を見学・観察しながら実習する、という実習活動が開始される。この段階において大切なことは、子どもがどのような一日を園内で過ごし、保育者が一日の保育をどのように立案し、まとめ、実践しているかを、子どもと保育生活を共

にする中で実習生が学ぶことであろう。そのため実習日誌に関しても、基本的な一日の流れを、時間軸に沿って簡潔に分かりやすくまとめることが大切である。

具体的には、子どもがどのような園生活を送り、どのような遊びを行い、保育者がそれに対してどのように応じていたかを記録することが大切である。そのためにも、自分はこの段階の実習において、何を見学・観察したいのか（遊びの様子、保育者との関わり、他の子どもとの様子、日々の発達の状況、保育活動への参加の様子など）を決め、その点に関しての見学・観察実習を時系列でまとめることが大切である。

また実習の初期段階においては、園の一日の流れや、保育者の役割・仕事などを理解することも大切なポイントとなるため、日誌も時系列でまとめ、そこに保育室の環境構成や子ども・保育者の位置関係、設定された室内外の備品、使用した教材などを分かりやすくまとめることも必要である。

3. 参加実習・責任実習と日誌

見学・観察実習の時期を過ぎると実習の次の段階としては、一日の保育の中で限られたプログラムに参加実習することが多い。さらに実習の最終段階には、実習生が部分的、あるいは一日（全日）の保育を任され、自分が主になって子どもたちを指導する責任実習を行う。責任実習を行うために、実習生はあらかじめカリキュラムを立て、任された子どもたちの年齢に沿った保育を行うこととなるが、このように、参加実習あるいは責任実習の場合において、どのように日誌を記録しておくべきであろうか。

参加実習とは、一日の保育の中のある部分だけを、保育者（実習生）が任され、保育を行う実習のことである。具体的には、紙芝居や絵本などを読んだり、歌や手遊びなどを補助的に行うなどの活動が多い。参加実習は、責任実習へとつながるための大切な準備段階でもあるので、指

導案の立て方、教材の準備や環境構成の方法、子どもの反応などを学ぶことが大切である。

　一方、責任実習とは実習生自らが指導案を立案し、責任を持って主体的に保育活動を指導する実習を指す。半日（あるいは数時間）の場合、一日の場合など、時間に関してはそれぞれの園で差異があるが、いずれの場合にも保育者（実習生）は実習園の内容（通常のカリキュラムなど）や一日の流れ、子どもの様子を把握しておくことがより重要となってくる。

　参加実習、責任実習のいずれの場合においてもまず大切なのは、その実習がどのような目的・目標（ねらい）を持っているかを明確に記すことである。どのような保育においても目的と目標は大切であり、それは実習においても同じである。さらに、その実習を自分が主体的に行うことで、子どもから何を学びたいのか、自らのねらいに関して記すことも必要であろう。

　参加実習・責任実習ともに、何のために行うのか、あるいは子どもに何を目標とさせるのか、その具体的な記載が整理され、適切にまとめられているほど、実習の際により良い結果に結びつくことと考えられる。

(1) 参加実習の日誌の記録について

　実習に参加した場合には、まだ保育者（実習生）が保育に参加する最初の段階でもあるため、自分が関わりを持った保育に関して、どのように参加したか、あるいは具体的に何をどのように行ったかをまとめることが大切である。

　例えば、そのときに用いた本、紙芝居、教材、歌った（演奏した）歌、曲などについて、なぜその教材が選ばれ、用いられたのかといった理由を明確に記載することも必要である。また、その場合の環境構成・体形などを図なども用いながら記すことにより、実習生が保育者としてどのように保育に参加したかを説明しやすくなる。説明し、細かく記録して

おくことで後々の反省を行うとき、あるいは責任実習時のカリキュラムを立てる場合の良き資料となるだろうし、できるだけ記憶が鮮明なうちに残しておくことが望ましい。さらに大切なことは、そのような保育者（実習生）の活動（働きかけ）に対して、子どもたちはどのように反応し、どういう行動が生まれたのかをまとめることである。

また、参加実習の時間の前と後の時間との連携に関しても、スムーズにつながることができたか、自分が選んだ保育内容（絵本、歌、紙芝居、手遊び等）が有効に伝わり、他の保育とのカリキュラムの整合性はとれたかどうか、といった点に関しても、あらためて反省し、やがて行う「全日実習」の活動のへと発展・展開させていくことが望ましい。

(2) 責任実習の日誌の記録について

さて、実習期間の中でも、特に大きな意味を持つ全日実習の日誌に関してだが、この日の日誌は、自らがあらかじめ立案・作成した指導案（カリキュラム）との関連を持って記載することが大切である。責任実習は自らが立案した指導案に沿って行うものであるから、当然日誌にも指導案と同じような内容が記されたり、あるいは指導案そのものを添付することもあるが、案と実際に行ってみての記録がそろって初めて、当日の日誌として成立する。

当日の日誌を記すうえでまず大切なことは、「ねらい」を明確に定め、記すことである。自分が何の目的と目標を持ってその保育を行うのか、具体的に記すことが大切であり、その内容は抽象的なものであるよりも、より細かく具体的なものであるほうが良い。

次に必要なことは、一日の実習の流れを時間軸で記し、そこに環境構成などの図を交えて記すことも大切である。自分がどのような時間で、どのような形で実習を行ったのか、その事実を伝え、記録として残すことは重要であり、それができて初めて反省や評価をまとめることにつなげることができる。また、その際に使用した教材などを具体的に記した

り、実際に作った教材や楽譜なども日誌に添付することも効果的であると言えよう。

当日の、日誌の行動欄（時間軸）には、実習生（自分）はどのように実習を行ったかということと、それに対して子どもがどのような反応を示したのか、うまく行った点は何か、足りなかった箇所は何か、気になった面は何か、など、それぞれの行動の姿と、それに呼応した相手の姿をまとめることが大切である。そのように客観的な行動の記述ができて初めて、反省・考察・感想の欄に進むべきである。

反省・考察・感想の欄には自分が当日、初めて保育者として主体的に参加したことを、どう感じたのか、欠けていた部分、より効果的な保育を行うために改善したほうが良いところなど、自分で気になった点を飾らずに、率直に記すべきである。不明な点や疑問などを記すことも大切だし、実際に気がついた点などを簡潔にまとめることも必要であろう。さらに、反省することだけではなく、全日実習を行ってみて良かった点、うれしかった点、楽しかったことなど、反省を踏まえながらも前向きな感想も記すことで、自分の目指す未来の保育者の姿へとつなげていけるのではないだろうか。

4. 事後指導とまとめの日誌

特定の期間の実習が終わると、その総括として、まとめの日誌を記すことが必要となる。まとめの日誌には、その間に自分が気がついた点、欠けていた面、発見したこと、うれしかったこと、子どもから学んだ点、実習して初めて気がついたこと、仕事としての保育者の姿や一日の流れに関して、感想はもちろんだが、それらを、これからの学校における学習や、保育者となったときにはどのように生かすのか、そんな具体的な内容が記されていることも大切である。「思った」「感じた」「感動した」という感想にとどまることのないように、十分注意をしたい。

また、まとめの日誌には、お世話になり指導を受けた教諭や園へ、感

謝の気持ちをこめて、お礼の言葉を記しておくことも忘れてはならない。実習生と同じように、指導をした教諭も毎日時間を割いて日誌に目を通し、コメントを記してくれたのであるから、感謝の気持ちをこめて最終の文章をまとめることが大切である。

5. 文章を書くとは

　文章を書くこと、それは人に何かを伝えることである。書籍の一番重要なことは、その中に記載された知識やノウハウ、文化などを後世にまで伝えるという役割であろう。実習日誌も、ただ単に毎日の実習の記録という意味だけではなく、それ以上に多くの大切な情報・知識と、いつか役に立つことになる可能性を持った「文章」となることが望ましい。

　基本的に日誌といえども文章表現であるから、起承転結の文章である必要があるし、「どこで」「誰が」「誰と」「何を」「どのように」行ったかを明確に記し、それに関しての自分の意見や感想、質問を記していくことにより、より良い日誌になりえると思う。だが、文章を記すという行為は一朝一夕には身につかず、それなりの研鑽と経験が必要となろう。さまざまな種類の本に接し、できるだけ多くの読書を行うことが大切である。

　保育者を目指す者がやがて保育者となり、自分の経験や体験を振り返るときに、実習日誌は標(しるべ)として大きな意味を持つようになる。自分の実習生時代の大切な宝物となりえるような実習日誌を目指してほしい。

【引用・参考文献】

　高橋保子『3・4・5歳児の指導計画』教育出版、2007年

　田中享胤監修・山本淳子編著『実習の記録と指導案』(from to 保育者books) ひかりのくに、2011年

西久保禮造『実践ハンドブック　幼稚園の教育課程と指導計画』ぎょうせい、2008年

谷田貝公昭監修、林邦雄責任編集『保育用語辞典〔第2版〕』一藝社、2006年

第8章

指導案を作成する

神戸　洋子

第1節　指導案とは

　指導案とは、教師が幼稚園教育要領に基づいて、年間指導計画に位置づけられた題材を指導するに当たり、幼児やクラスの実態に従い、日々の目標を達成することができるよう作成する指導計画を指す。具体的に、何をどのような順序や方法で指導し、幼児がどのように学んでいくかを十分に考慮し、保育の流れと段取りをつかんで、一日の流れ、主活動、その導入、展開、まとめを記入し、指導の構想を表現するものである。また子どもたちの園生活をよりよくし、充実したものとするための具体的なプランでもある。季節の変化、発達段階、活動の連続性などを考慮し、クラスの状況、興味・関心に沿ったものとする。

　幼稚園教育要領（第3章第1）によると、「幼児期にふさわしい生活が展開され、適切な指導が行われるよう、……調和のとれた組織的、発展的な指導計画を作成し、幼児の活動に沿った柔軟な指導を行わなければならない」。そこで、指導計画は、「幼児の発達に即して一人一人の幼児が幼児期にふさわしい生活を展開し、必要な体験を得られるようにする」ために、「具体的なねらい及び内容を明確に設定し、適切な環境を構成すること」などにより、活動を展開するものである。

　「指導計画」作成に当たって最も重要なのは、①子ども一人ひとりの発達過程や状況を踏まえることである。そのうえで②子どもの姿を捉える。前日までの子どもの姿を観察し、その実態から今回の実習を行うに当たって把握しておく必要のある「子どもの姿」を記入する。そのうえで③「ねらい」を作成し、④内容を設定し、⑤「環境の構成」を確定し、⑥「予想される活動」、⑦「援助のポイント」を決め、⑧「評価」を行うのがその作成過程である。

第2節 「教育課程」と「指導計画」

　幼稚園教育要領のねらいや内容を踏まえ、その幼稚園の教育目標を達成するため園独自のものとして計画したものが「教育課程」である。「指導計画」は、教育課程の目標をより具体的にし、幼児が生き生きとし、よりよい成長をするのために「どの時期」に「どのような活動」をするか明らかにしていく。幼児の興味や関心、生活や遊びの取り組み、教師や友達との関わり等、発達の時期や年齢に即し立てられている。

　指導計画の種類は**図表1**のとおりである。責任実習で記入する「部分実習指導案」や、「全日実習指導案」は、指導計画の「日案」とその一部である。園の方針から週案に至るまでをよく理解し、園生活の自然な流れの中に組み込める案を立てることが重要である。

図表1　指導計画の種類

幼稚園教育要領・保育所保育指針		
○○市標準カリキュラムなど		
園教育方針・保育方針		
長期指導計画		1年間の生活を見通して示した指導案。
	年間計画	教育課程を基に昨年および現在の子どもの姿から立てる。
	季間計画（学期ごと）	4月〜7月等の学期ごと。
	月間計画（月案）	年間計画を具体化。1カ月の生活を見通して示す。
短期指導計画		その週、その日の活動が円滑に運ぶよう長期指導計画に基づいて立てる。
	週案	より具体的に幼児の活動に即したもの。
	日案（デイリープログラム）	週の計画から1日の計画を立てる。その日の保育をどのように展開するのか、1日の子どもの生活時間を見通した細かい記述。

（筆者作成）

第3節 指導案の作成の手順

　現場への関わり方によって「見学・観察実習」「参加実習」「責任実習」（部分実習・全日実習）などの実習を行うが、このうち、「責任実習」について「指導案」を作成することになる。

　「部分実習」で最初に経験するのが、手遊び、絵本の読み聞かせ、紙芝居を演じる等が多く、また、朝の会、お弁当の支度の時間、帰りの会などの指導もある。絵本を読む、紙芝居を演じるなどは、導入、子どもたちを集中させる方法、締めくくりまで計画を立て、保育者の言葉のかけ方、集中がとぎれがちな子に対しての援助等をよく観察し、自分なりの工夫も加えて子どもの前に立つ練習をする。

　異年齢児保育を実施、コーナー保育が中心、などの保育形態の違い、また一人の子ども、あるいは一人の保育者について実習するケースなど実習形態の違いもあるので、その場合は、園の指導案の形式に従う。

　基本的な記入事項は、まず、クラス構成、日時、天候予想、月案や週案との関係などが必要となる。次に、活動名、子どもの姿、ねらい、環境構成、そして時系列に沿って、予想される幼児の活動、保育者の援助

図表2　指導計画に記入する基本的事項

①基本事項	実施する日時・クラス編成（年齢）、子どもの人数と男女の別、指導者名・学生氏名、天候
②子どもの姿	その時期の様子、主活動などのテーマに関する実態を記入
③ねらい	活動の目標、子どもの中に育ってほしい心情・意欲・態度
④内容	具体的に活動の手立てを記入
⑤指導の留意点と、必要に応じて準備するもの	
⑥環境構成	
⑦展開	時刻と時間、予想される子どもの活動、保育者の援助
⑧評価	ねらいが達成できたか

（筆者作成）

などがきちんと書き込めることが大切である（**図表2**）。

実際には、この指導案を実施するに当たって、どのような教材準備を行い、その教材はどこに準備するのか、どのような声かけをするのか、保育者（実習生）はどの立ち位置にいるのかなど、"細案"（メモ、シナリオ）を作成することもある。

第4節　指導案作成の留意事項と記入例

指導計画（日案）の事例（**図表3**）と、部分指導案の事例（**図表4**）をp.108〜112に掲げた。これを参照しながら、以下の留意事項を踏まえて指導案を作成するよう心がけていただきたい。

1．子どもの姿（実態）

子どもの様子、遊ぶ場面を見て、どのようなことに興味・関心が向いているか、友達との関わり方などから読み取る。保育者からも必ず実態を聞くようにする。

〈記述時の留意事項〉
・事実だけを書く。感じたこと、主観的な記述を避ける。
　（例）「元気にがんばって鬼ごっこをしている」→「鬼ごっこを楽しんでいる」
　（例）気の合う友達と数人で遊ぶ場面が増え、遊びが持続するようになっている。
　（例）絵本や手遊びに関心を抱き、喜ぶ様子が見られる。

2．「ねらい」の立て方

幼稚園の教育期間を通して身につけていくことが望まれる心情・意

図表3 指導計画（日案）の事例

○○大学　○○学科　　年　学籍番号：　　　　氏名：				
指導実習日	天候		指導担当者名	
平成24年10月○日（金）				
園名			男児	女児
		在　籍	8 名	8 名
配属クラス	ひばり組　5歳児	出　席	名	名
子どもの姿（担当する子どもたちの実態のうち、特にこの指導案に関する事柄）				
・クラスとしてのまとまりが出てきて、落ち着いて遊べるようになっている。 ・造形活動を楽しむことができ、一人で描画するだけでなく共同で作品を作る活動を経験している。				
活動名	主活動「ピクニックへの道を描こう」			
ねらい	（子どもの中に育ってほしい心情・意欲・態度） ・自分の中のイメージを友達と共感し合い、表現する。 ・出来上がった作品が共同作品になる楽しさを体験する。			
内容	（ねらいを達成するために子どもが体験する具体的な活動） ・『おでかけのまえに』の絵本を見た後、主人公が行くであろうピクニック先までの道を画用紙に描く。 ・最後に一枚の絵になるようにする（8枚をつなげる）。			
指導上の留意点	（全体を通して留意すること） ・笑顔を絶やさず、実習生自身も楽しんで活動する。 ・子どもたちが、自分で考えて絵を描くよう適切な援助をする。 ・絵のつながる部分が理解できるよう、分かりやすく説明する。			（準備するもの） ・絵本『おでかけのまえに』福音館書店 ・画用紙（端に道の線の位置を記入したもの）

時刻	環境構成	予想される子どもの活動	保育者の援助
8:20	・保育室や周辺の環境を整える。 ・窓を開け換気する。 （部屋の配置図：ピアノ、製作コーナー、ままごとコーナー、パズル、ブロック、タオル掛け、おたよりシール、机、流し）	○登園する。 ・保護者といっしょに登園する。 ・所持品の始末をし、活動着に着替える。 ・おたより帳にシールを貼る。	・子どもたちを出迎え、挨拶をする。 ・一人ひとりの子どもと挨拶を交わしながら笑顔で迎え、子どもの表情や、健康状態を把握する。 ・自分で所持品の始末ができるよう見守りながら、一人ひとりに応じて、言葉をかけたりする。
9:00	・一人ひとりの興味や欲求に応じて自由に遊びが選べるよう環境を整える。	○好きな遊びを見つけて遊ぶ。 ・友達や保育者といっしょに好きな遊びを楽しむ。 【屋外】 ・砂場・ブランコ・滑り台・鬼ごっこ・ジャングルジムなどで遊ぶ。	・子どもの様子を見守り、安全に配慮しながら、子どもといっしょに活動する。 ・遊びがうまく展開するよう、必要に応じて誘ったり、声かけをしていく。

時刻	環境構成	予想される幼児の活動	保育者の援助と留意点
9:30	・保育室に入室した子からいすを並べるように促す。 （図：ピアノ、◎保育者、幼児、机、流し）	【屋内（保育室・ホール）】 ・ごっこ遊び（ままごと・大型積み木など）をする。 ・ブロックやパズルで遊ぶ。 ・お絵かき・製作コーナーで遊ぶ。 ○片づける ・自分の使った物や、近くにある物を協力して片づける。 ・排泄・うがい・手洗いをして保育室に入室する。 ○朝の会をする。 ・朝の挨拶をする。 ・日にち、曜日、天候の確認をする。 ・出席を確認する。 ・当番の子は前に出て名前を言う。 ・保育者の話を聞く。 ○歌を歌う。 「朝の歌」「いちょうの葉」「まっかな秋」	・天候の良いときは、積極的に戸外に出て固定遊具や伝承遊びなどを通して、友達との関係が深められるようにする。 ・好きな遊びを見つけて楽しく遊べるよう、保育者も関わりながら、遊び込めるようにする。 ・次の活動を始めるため、片づけるよう声かけをする。 ・片づけに誘ったり、手伝いを頼んだりして協力して取り組む。 ・排泄・うがい・手洗いを行うよう声かけをして促す。 ・いすを並べ、朝の会の準備をする。 ・着席して他の子がそろうまで待つよう声かけをする。 ・朝の会を始めることを話し日にち、曜日、天候を確認する。 ・出席確認をし、欠席の子がいた場合、クラス全員で共通理解し、当番の子を紹介する。 ・今朝の遊びの様子など身近な話題を話す。 ・「まっかな秋」は2番の歌詞までしか歌っていなかったので、今日は3番の歌詞を音読し、歌唱指導をする。ピアノ伴奏をし、いっしょに歌う。
10:00 〜 11:30	（図：ピアノ、◎保育者、幼児、机、流し）	主活動を行う。 この時間帯は「部分実習指導案」に示したものが該当する。	
11:30	・机を並べ、台ぶきんを用意する。 ・お茶の用意をする。 （図：ピアノ、◎保育者、幼児、机、流し）	○食事の準備をする。 ・当番の子は各グループの机を拭く。 ・手洗いをして、お弁当を出す。	・排泄・うがい・手洗いをした子から自分の食事の準備ができるよう手順を確認し、必要に応じて声かけをする。
11:45		○お弁当を食べる。 ・お弁当の歌を歌う。 ・「いただきます」の挨拶をして食べる。 ・友達と会話を楽しみながら食事をする。 ・お弁当のメニューや食材に関心を持つ。	・お弁当の歌を弾き歌いする。 ・当番の子が前に出て「いただきます」の挨拶をするよう促す。 ・グループに入って子どもたちといっしょに食べる。 ・和やかな雰囲気で楽しんで食事ができるようにする。 ・食事の進みぐあいや好き嫌い、こぼさないことなどに留意する。

時刻	環境構成	予想される子どもの活動	保育者の援助・配慮
12:30	・食後、落ち着いて遊ぶことができるよう、絵本コーナーを広げる、手仕事の教材を用意する等、環境設定する。 （図：ピアノ／毛糸手仕事／ままごとコーナー／絵本コーナー／机／流し）	・各自「ごちそうさま」の挨拶をして、お弁当箱、はし箱などを片づける。 ・歯磨きをする。 ○室内で好きな遊びを楽しむ。 ・絵本を読む。 ・粘土遊び・パズルをする。 ・羊毛遊びなど手仕事をする。	・食後の片づけがスムーズにできるよう声かけをする。 ・床にこぼしたものを清掃し、机を拭き、机を移動する。 ・歯磨きを上手にできるよう声かけをし、できない子を援助する。 ・食後すぐ、活発に遊びだしてしまう子もいるので、食後は落ち着いて過ごすことの意味を理解できるようにする。 ・遊びを見守りながら、配布資料や連絡事項の確認をする。
13:15	・帰りの会の設定 （図：ピアノ／◎保育者／幼児／机／流し） ・机を移動、タオルかけを室内に移動する。	○片づけをし、帰りの用意をする。 ・協力して片づける。 ・着替えをして、帰り支度をし、椅子に座る。 ・通園バック、おたより帳、タオル、帽子を持つ。 ○帰りの会を行う。 ・手遊びを楽しむ。「やきいもじゃんけん」 ・保育者の話を聞く。 ・来週の活動の話を聞き、期待を持つ。 ・おたよりを受け取り、おたより帳に挟む。 ・持ち物の確認をする。	・子どもたちといっしょに片づける。 ・子どもたちの降園するための身支度がスムーズにできるようにする。 ・「金曜日なので、タオルを持ち帰りましょう」と声をかける。 ・帰りの会のために着席するよう声をかける。 ・手遊びをして、全員がそろうのを待つ。 ・今日の活動を振り返り、来週の予定（おみせやさんごっこが始まること等）を話し、期待を持てるようにする。 ・おたよりを配り、全員が通園かばんに入れたことを確認する。 ・週末に持ち帰るタオル等の確認をし、忘れ物がないようにする。 ・一人ひとりにけがはないか、健康状態は良好か確認する。
14:00	・テラスで、園児を保護者に引き渡す。	・「さようなら」の歌を歌う。 ・「さようなら」の挨拶を全員でする。 ○降園する。 ・保護者が迎えに来ている子から。一人ずつ担任と握手をして「さようなら」を言う。	・「さようなら」の歌を弾き歌いして、いっしょに歌う。 ・降園時間であることを確認し、「さようなら」の挨拶をする。 ・テラスに出て、保護者が迎えに来ていることを確認し、一人ひとりの保護者に一言ずつ今日の様子を伝える。 ・子どもに「来週も元気で園に来てね」と言い、握手をする。
14:30	・室内・園庭清掃、環境整備		・子どもたちを見送ったら、室内環境整備をする。

【自己評価】

【指導担当者からの評価】

（筆者作成）

図表4　部分指導案の事例と指導者のコメント

5歳児	ひばり組 (男子8名、女子8名)	平成24年10月○日 (金曜日)	天候　雨
指導 担当者	A・B先生	実習生 氏名	
子ども の姿	・雨の日なので室内遊びをしている。 ・一人で描画するだけでなく、共同で作品を作る活動も経験している。 ・道（ピクニックに行く道）にどんなものがあるかイメージすることのできる年齢である。		
活動名	「ピクニックへの道を描こう」		
ねらい	〈子どもの中に育ってほしい心情・意欲・態度〉 ・自分の中のイメージを友達と共感し合い、表現する。 ・出来上がった作品が共同作品になる楽しさを体験させる。		
内容	〈ねらいを達成するために子どもが体験する具体的な活動〉 ・『おでかけのまえに』の絵本を見せた後、主人公が行くであろうピクニック先までの道を画用紙に描く。 ・最後に1枚の絵になるようにする（8枚をつなげる）。		
指導の 留意点	〈全体を通して留意すること〉 ・笑顔を絶やさず、実習生自身も楽しんで活動する。 ・子どもたちが、自分で考えて絵を描くよう適切な援助をする。 ・絵のつながる部分が理解できるよう、分かりやすく説明する。	準備するもの ・絵本『おでかけのまえに』福音館書店 ・画用紙16枚（端に道の印をつける）	

時刻	環境構成	予想される子どもの活動	保育者の援助
10:00	◎保育者／幼児／机／流し 絵本は棚の上に準備しておく。	・朝の会を終える。 ・手遊び「ぐーちょきぱーでなにつくろ」 ・絵本『おでかけのまえに』を見る。絵本に集中して見る。「あ～おもしろかった」と満足する。	・うろうろしている子に席に着くよう促す。待つ間に手遊びをする。 ・「ぐーちょきぱーでなにつくろ」の手遊びをする。（この間に全員着席） ・「これから絵本を読みま～す」と話し、読み始める。せりふ、ページを繰る速度、などをよく考えながら読む。
10:20	絵を描くために机を出す。 ◎保育者／幼児／机／流し		・読み終えたら「みんな、あやちゃんたちはピクニックに行ったよね？どんなとこに行ったんだろうね」「じゃあ、これからあやちゃんたちが行くところを絵に描いてみよう！」と話す。

コメント：
- これは不要。その日の子どもの姿ではなく、前日までの子どもの姿です。
- 「ねらい」は子どもを主語にして記入します。「体験する」です。
- 「内容」も子どもを主語にするので、「見た後」です。
- 「席に着かない子」くらいの表現にしましょう。
- 読み終えて、先生が話をするのは、絵本を見た態勢のままですか？　机のところに移動してからですか？
- 「行くところ」というと公園など行き先になります。「行く道」ではどうでしょう？

第8章●指導案を作成する

時刻	環境構成	予想される子どもの活動	保育者の援助・留意点	コメント
10:30	画用紙とクレヨンを用意する。画用紙には、左右に、道の始まりと終わりを書いておく。	・机のところに着席する（全員で一度にいすを持って移動しないよう、保育者の指示に従って動く）。 ・話を聞かない子がいる。 ・画用紙をお当番の子が配る。 ・道とその周りの絵を描く。 ・着色もする。	・画用紙とクレヨンを配り、「まだ描かないでね」と注意する。 ・全員に画用紙が行き渡ったのを確認して「では、描き始めまじょう」と言う。各席を回り、声をかけていく。 ・道であることが、想像できない子には、「あやちゃんが、歩いた道のとこには、どんなものがあったのかな？」などと問いかける。	マイナスの表現は避けましょう。「話を聞かない子がいることが予想されるため、きちんとどの子にも届くよう話す」などと、保育者の援助の項に記入します。 道だけでなく、その周囲の様子が描けると楽しい絵になりそうですね。
11:05		・「できた〜」と立ち上がる子がいる。 ・「つながってる！」「えー！」「すごい！」と言う子がいる。 ・道の順番を先生や友達といっしょに考える。	・「描けた絵は、先生のところに持ってきてね」と話し、絵に名前を記入する。 ・集めた絵を机に並べる。一つの道になると教える。 ・子どもたちといっしょに道の順番を考える。	具体的に「トンネル」「信号」「お店」「お花畑」など、周囲のイメージが膨らむとよいですね。 「教える」という表現ではなく「子どもたちが一つの道になることに気づく」などの表現がよいでしょう。
11:15	できた絵は、保育終了後に、壁に並べて貼れるよう、棚に上げる。	・片づけをする。	・「お手洗いに行きたい人は、お手洗いをすませてから、遊びましょう」「男の子から、どうぞ」と混雑を避けるよう、男女別にいすを片づけるよう促す。	
11:30	次の活動にスムーズに移行できるよう、描画の片づけをする。	・排泄・うがい・手洗いをする。		

養成校からのコメント	Sさんは、最初にあやちゃんの家の絵を用意していますね。とてもよいアイデアだと思いますので、指導案の中にあやちゃんの家の絵とつなげることも盛り込んでみましょう。 最後はピクニックに行く公園にしてもよいですね。L字型の道が描ける子がいると、ぐるぐる回る道も描けるかもしれません。次の実習につなげられるかもしれませんね。 できた絵は、壁面に貼っていただくことも考えましょう。
自己評価	

（筆者作成）

欲・態度、どのように育ってほしいかという保育者の願いに関して、この時期に、この場面で何が育ってほしいのか、具体的に書く。子ども理解、集団形成の理解、生活面の理解など、子どもの実態に即した具体的なねらいを設定する。保育日誌、実習日誌から特に指導案につながる部分を取り上げて書く。1〜2週間前からの様子等であり、その朝の様子ではない。

〈記述時の留意事項〉

・子ども主体で記述する。
　（例）「関心を持つ」「〜しようとする」「〜し楽しむ」等。
・「…を楽しむ」だけでは視点が不足している。身体的な動きや工夫する点、遊びの特徴などを書き出してまとめる。
　（例）保育者が用意した手袋の形の中に自分で工夫して絵を描く。

3. 内容の設定

ねらいを達成するために指導していく事柄で、具体的な活動、活動を通して体験される達成感、満足感や充実感など内面的なことも含む。子どもの立場から記入する。

〈記述時の留意事項〉

・心情を具体的に書く（心を動かされたり、興味を持ったりすること）。
　（例）楽しむ、触れ合う、親しむ、感じる、気づく、知る、分かる、伝え合う、味わう、喜ぶ。
・意欲を具体的に書く（物事に自ら関わろうとする。もっと○○したい、やってみたい）。
　（例）行う、表現する、取り組む、取り入れようとする、接する、考える、工夫する、試す、進んで〜しようとする。
・態度を具体的に書く（意欲を実際の行動とし、どうしたらいいか考え、課題を乗り越える）。
　（例）身につける、関わる、協力する、大切にする、生活する。

4. 環境の構成

　どのような環境を準備していくのか、保育室や園庭などの図示や、子どもが主体的に動ける工夫を記入する。準備する教材をどこに置くか、時間の経過とともに、保育者の立ち位置は移動するか、机といすの配置、園庭での活動、ホールでの活動などの詳細を、図も含めて示す。

5. 予想される幼児の活動

　子どもたちが遊ぶ姿を予想し、どのような活動が生まれるか考えておくが、実際の場面では臨機応変に対応することになる。導入部分、終わってからの言葉かけ、締めくくりまで記入することが重要である。

　活動を楽しくできるように予測を立てるので、「つまらないという」「飽きてしまう」「話を聞かない」「やりたいと騒ぐ」などとマイナスの表現をしないよう気をつける。

　〈記述時の留意事項〉
・保育者の援助の欄のほうに書く。
　（例）話を聞かない子がいる→「集中力がとぎれ話を聞かない子がいることも予想されるので、人形を使って興味を持たせる」
・子どもを主語にする。
　（例）紙芝居を見せる→紙芝居を見る
・子どもの能動的活動とする。
　（例）顔を拭いてもらう→顔を拭く
・気持ちを書かない。
　（例）うれしそうに水をくんでいる→水をくみ砂場に運ぶ
・単語で書かない。
　（例）砂遊び→砂場で山を作る、ブランコ→ブランコをこぐ

6. 保育者の活動

(1) 保育者(実習生)が主語となる

「〜に配慮し、楽しめるようにする」「安心してすごせるようにする」「スキンシップを図る」「絵を描くよう誘う」「発見したこと、工夫したことを褒め、より楽しい気持ちで製作できるようにする」「途中で嫌になってしまった子にも肯定的な言葉をかけながら励ます」「一人ひとりの作品を認めながら預かり、名前を記入する」「次への期待・意欲につなげる」「ルールを守って遊んでいた姿を十分に認める」など、クラス全体への声かけと個々の子どもへの声かけ双方に細かな配慮をするとともに、何と何を伝えなくてはならないかを整理しておく。具体的には「対応する、努める、援助する、働きかける、見守る、一人ひとりの子が〜できるようにする」等の用語を状況に応じて使い分ける。

(2) 保育者の活動欄の記入でよくある表現の間違い

①保育者が主導権を握る表現は使用しない。

「〜してあげる」「〜させる」「導く」「指導する」などと書かない。また、へりくだった表現「選んでもらう」なども使用しない。

②話し言葉を使用しない。
- みたいな感じ、〜的な感じでした。→といった印象を受けました。
- そうなんだなあ、と思いました。→○○なのだ、と思いました。
- 食べれない→食べられない(ら抜き言葉)

③感想は記入しない。
- 仲よくしているのが、かわいかった。→仲のよい様子がうかがえた。
- どの子も上手にできたので、満足した。→一人ひとりの作品を褒めるように声かけを行った。
- 説明を聞いてくれなくて困ってしまった。→説明を聞いてもらえなかったので、早口になってしまった。どのような言葉で説明すればよ

いかまできちんと細案を立てるべきであった。
　④保育者の姿が見えない。
・一人ひとりに声かけをする。→健康状態を読み取るため視診を行う。
・片づけの時間に遊んでいる子が多かった。→保育者は「お片づけです」と声をかけても、遊び足りないのか「もっと遊びたい」と集まらない子がいる（「○○先生は、その子の様子をよく見て、声かけをしておられるので、その声かけの仕方を学びたいと思う」などとつなげるとよい）。

7. 援助のポイント

　教師のどのような配慮が遊びを充実させるか、子どもの主体性が発揮できる関わり方とはどのようなものか、個人差や年齢を踏まえ、言葉かけのタイミングを計る、やり方を示すなどさまざまな援助を考え、個々への援助と集団への援助の双方を考える。「させる」「指導する」「教える」「遊ばせる」等の表現は控え、「援助する」「見守る」「受け止める」「引き出す」「誘う」など、受容・共感・支持や提案をしていく。

8. 評価を行う

　実践を振り返る。興味・関心に適合していたか、子どもへの援助は適切であったか、指導は適切であったか、ねらいがどこまで達成できたかを評価・反省し、次のステップにどう生かすかを考える。単に活動ができたかどうかなどを反省するのではなく、具体的にどうすれば改善できるのかを考え、記述する。

【引用・参考文献】
　開仁志編著『これで安心！保育指導案の書き方実習生──初任者からベテランまで』北大路書房、2008年
　開仁志編著『保育指導案大百科事典』一藝社、2012年

第9章

実習に向けての事前準備

谷田貝　円

第1節　実習園の教育方針などを知る

1．実習園が決まったら

　実習する幼稚園が決まったら、よりよい実習をするためにも、その幼稚園の情報はできる限り集めておく必要がある。実習生として学びに行く、行かせていただくということをしっかり踏まえて、実習園の理解をしておくべきである。

　特に、幼稚園の教育方針は、しっかり押さえておくことが大切である。実際の幼稚園の先生は、それぞれの幼稚園の教育方針を基に、子どもたちと生活し、子どもたちを教育している。そのため、教育方針にはさまざまな要素が含まれている。また、各園独自のものなので、教育方針を知ることこそが実習園理解の第一歩とも言えるだろう。

①事前に調べる

　多くは、その幼稚園のホームページで調べることが可能である。また、以前から学校や大学と関係があるような幼稚園であれば、資料等が残っていることがある。担当指導の先生に聞くとよい。また、実際に幼稚園の周辺を歩いてみると、幼稚園の前の掲示板などに示してあることがある。自ら調べることが大切である。

②前向きに捉える

　実習園の教育方針が、自分自身の考えと合わないこともあるかもしれない。しかしあなたは、あくまで"学ぶ身"である。実習をさせていただく中で、その教育方針とその幼稚園での生活から学ぶことがたくさんあるはずである。一時の感情に流されず、学びにつなげることが大切である。「郷に入っては郷に従え」である。

2. 事前訪問（オリエンテーション）について

　実習園が決まったら、あらかじめ実習する幼稚園に挨拶に行き、園および実習内容などについての説明を受ける。これをオリエンテーションといい、園での実習について具体的な指示を受けることになる。

(1) 園に連絡を取る

　教育実習に行く前には電話などで予約（アポイント）を取ってから訪ねるようにする。その際、主に園長先生や担当の先生方と話すことになるので、言葉遣いに気をつけ、落ち着いた場所で丁寧に話をする必要がある。あらかじめ試験期間が分かっている場合は、その旨を告げて日程調整をしてもらう。自分の予定に合わせて「行けない」などということがないようにする。

　複数の学生で園を訪ねる場合は、代表者を決めて連絡する。以下は、連絡を取る際に注意するべきことである。

- 実習開始1カ月前までには事前訪問（オリエンテーション）の連絡を入れる。
- 電話をかける時間帯は、保育時間外が望ましい（15時～17時くらい）。
- かけ直すようなことがあれば、必ず約束した時間帯に連絡をする。
- 訪問することが難しい場合（帰省先の園など）は、必要最低限聞かなければならないことをまとめておき、聞いておく。そして、なるべく実習に入る前に一度伺うように予約を入れること。
- この電話から実習が始まっていることをしっかりと意識すること。

(2) 事前訪問（オリエンテーション）の準備

　訪問することが決まったら、大学・学校から提出すべき書類がある（個人票・実習評価表・出勤簿・評価表出勤簿用返信封筒など）。これらは、養成校によりさまざまな方法で実習先に届くが、実習生にとって実習園

に初めて提出する自筆の書面であるので、個人票は黒のボールペンで丁寧に書き、大学・学校側に提出する。自分で持参する際は、曲がったり切れたり汚れたりしないよう、ファイルなどに入れて持っていくとよい。

第2節　実習園を訪問する

　連絡を取り、予定日時が決まったら、あらかじめ実習園までの行き方を調べておく。また、事故や交通トラブルを考えて、余裕を持った移動時間を取っておく。「5分前行動」は最低限のマナーである。
　①身だしなみ
　訪問する際は養成校の代表として行くので、教育者になる姿としてふさわしい格好と態度で行く。大学で決められた制服やスーツなどがふさわしいだろう。あまりに胸が開いたシャツなど、清潔感を感じることのできないものは控える。また、履いていく靴などは磨き、ヒールは低めの物がよい。髪型や化粧も控えめにしておく。
　②挨拶
　園に着く前に、携帯電話の電源は必ず切っておく。コートやマフラーなどを着用している場合は、それらを脱いでから挨拶をするようにする。その際、事前訪問（オリエンテーション）に来た旨、および学校、学科、学年、氏名を伝える。第一印象はとても大切であるので、誠実にはきはきとした態度で挨拶をする。
　③持ち物
　自分で使う物は必ず持っていく。スリッパ、メモ、筆記用具、実習日誌などのほか、念のため、印鑑も持っていくとよい（朱肉を使用するタイプ）。

④園の概要

　園の沿革、教育方針、組織職員構成、園児構成、園を取り巻く環境、地域社会との関係、園舎・園庭などについて確認する。事前訪問をすることにより、教育方針をより詳しく教えてもらえるのはもちろん、実習の意味・目標を明確に持つことができる。また、実際の子どもたちの様子を見たり聞いたりすることで、子ども理解を深めることにもなり、とても重要である。

⑤配属決定

　事前訪問の際、実習園が配属クラスを決める場合と実習生本人に担当希望対象児を質問されることがある。そのため、希望を尋ねられても慌てないよう事前に幼稚園対象児の発達段階を理解し、確認しておくことを勧めたい。その学年・クラスで行っている手遊びや、実習時期に歌うであろう歌や決まった歌などの楽譜をもらえる場合がある。事前に練習が必要なこともあるので、確認しておく。また、実習の機会として、保育技能（手遊び・絵本・紙芝居など）をさせてもらえることもあるかもしれない。そうした機会は、実習生として願ってもないチャンスである。物おじせず、チャレンジすることである。

⑥実習中の心得

　実習生の出勤時間や通勤時・保育時の服装、身だしなみ、実習中の勤務心得、日々の持ち物、実習期間中の行事、実習日誌の提出方法、出勤簿・諸経費などを伺うとよい。実習生とはいえ、その実習期間はその幼稚園の一員となるので、実習園に迷惑がかからないようしっかり聞いておく必要がある。大切なことはメモし、聞きたいことはあらかじめ書き出しておくと充実したオリエンテーションとなり、後日慌てなくて済む。

　オリエンテーションを終えて実習園の門を出たからといってほっとしてはいけない。実習園を出た後もどこでその幼稚園・施設の関係者に会っているか分からない。特に、複数で訪問した場合、緊張感の解放か

ら園を出てすぐに騒いだりしないように気をつける。

第3節　日常生活を見直す

　事前訪問後、実習開始までの時間をどう過ごすかが大切になってくる。実習生であっても子どもたちの前では「先生」である。日頃の生活を改め、再確認しておく必要がある。

1. 身だしなみ

　①爪

　長くとがった爪や飾りを付けた爪が子どもの肌に触れることがあれば、けがを負わせることになりかねない。その時だけ切ればいい、その時だけ飾らない爪にすればいいと思いがちだが、「教育者」を目指す者の姿勢として、常日頃から気をつけるべきことである。

　②髪の毛

　金髪や茶髪などのままでは、さすがに実習には向いていない。子どもたちは、ほとんどが生まれたままの髪の毛の色である。その中に入り、子どもたちと関わるのにふさわしい色があるはずである。

　③化粧

　厚化粧は子どもたちの前では望ましくない。子どもと関わる際に汗で流れてしまったり、子どもが触ったり、子どもの洋服に付いてしまってはたいへんである。日頃から程よいメイクを心がけておくことが肝要である。「自然さ」が大切である。オリエンテーション時にも同じことが言える。

　　身だしなみのポイントは、清潔感である。清潔感のある人は、大人だ

けでなく、子どもからもたいへん好かれる。自分の髪型、爪、化粧、服装などに清潔感があるかどうか見直そう。「自分がよければいい」と「周りの人たちがよく思う」は違う。やはり子どもたちから「すてきな先生だなぁ」と思われたいものである。

2. 言葉遣い・マナー

日頃、学校の先生や先輩たちとどのような会話をしているだろうか？ 友達関係のような会話をしていないだろうか？ 言葉遣いはとってつけたようにすぐに直せるものではない。どのような態度で、どのような言葉を使うとよいのか考えてみるとよい。

①挨拶

どんな立場であってもコミュニケーションの第一歩は挨拶である。日頃から挨拶ができる人であるよう心がける。また、心をこめて、相手に届くよう挨拶することが大切である。自分から挨拶することを意識するだけでも違うものである。また、TPOに合わせた挨拶が大切である。自己紹介も含めて、どのような場面でどのように挨拶するのがよいか、日頃から練習をしておくとよい。どんなときも明るく爽やかに挨拶できるようにすると、相手への印象は変わる。

②敬語

日頃から学校の先生との話し方を意識しているだろうか？ 友達のような言葉遣いばかりしていては、いざ社会に出たときに敬語を使って話せるわけがない。「教育者」の立場の向こうには、子どもだけでなく保護者がいることを忘れてはならない。今から敬語を使って話すことを意識しよう。また、「ら」抜き言葉、「い」抜き言葉での会話・表記に気をつけることも大切である。「先生はピーマン食べれるよ」ではなく「先生はピーマン食べられるよ」であったり、日誌等に「Aちゃんが絵本を読んでる」ではなく、「Aちゃんが絵本を読んでいる」と記載するほうが正しい日本語と言える。

③立ち居振る舞い

　社会人としてのマナーを考えたことはあるだろうか？　大人として、社会人として、「教育者」として、周り、特に子どもから見られていることを意識すべきである。これから出会う子どもたちのモデルとなる保育者・教育者として、皆さんが生活する態度はとても大切である。

3. 健康管理

　実習に行くことが決まってから健康管理を意識しているようでは遅すぎる。言葉遣い・立ち居振る舞いなどと併せて、日頃から意識してもらいたいことの一つである。教育者として、体は資本である。体力・気力ともフルパワーであることが望ましい。そうでなければ、より良い実習をすることができない。

　実習で保育現場に入ると、子どもたちの行動・安全配慮・教職員の連携・意識などさまざまなことに意識を向けなくてはならない。目の前で生活が目まぐるしく変わり、今まで触れたことがないような「音」があなたを刺激する。そのため、いつも以上に疲れてしまうだろう。また、風邪やインフルエンザなどの流行時期での実習だと、疲れから免疫力低下を招き、病気にもかかりやすくなる。そのようなことを考えても、実習に行く前、または保育者・教育者を目指すことを意識した今から、健康管理に重きを置いてもよい。それには、早寝早起き、規則正しい食生活、手洗い・うがいの励行などを勧めたい。

①早寝早起き

　体が夜型では、実習に入ってから幼稚園や子どもの生活に合わせることができない。早寝早起きを意識し、体を朝型に戻し、実習に取り組む。

②食生活

　食事は体を整える資本である。活動するにしろ思考するにしろ、朝・昼・晩と3食きちんと取るようにし、活動に臨める体を作っておく。その際、食事のマナーを意識し、箸の持ち方や茶碗の持ち方などが正しく

できているか、好き嫌いなくまんべんなく食事ができているかを確認し、直すところがあれば直しておく。実習生も子どもと食事をとることがある。食事の際のマナーも見られている。

③手洗い・うがい

健康管理を整えていても、病気はいつどこからやってくる分からない。しっかりと実習に臨むためにも、手洗いやうがいを必ずするようにする。手洗い・うがいとも、幼稚園では子どもたちが必ず行っている。

第4節　実習前に準備しておくこと

　実習の事前訪問（オリエンテーション）と並行して、授業で学んだことの復習や作った教材の確認、教わった手遊びなど保育技能の再確認などをしておくと、有意義な実習を迎えられる。実習期間中のスケジュールが決まったら、毎日の具体的な目標を立てておこう。また、幼稚園の地域の中での役割、幼稚園教諭の具体的な仕事、保育時間外の仕事、多様化している幼稚園のニーズなども調べておくとよい。

　事前訪問で、幼稚園の受け入れ対象年齢児が分かったら、子どもの身体的発達や運動・知能・認知・情緒の発達の特徴を復習しておこう。幼稚園教育要領なども参考になるので、読み返しておくことも大切である。

　また、その幼稚園ではやっている遊びや手遊びを聞いておき、自分なりに調べ、対象年齢児に提供できる遊び、手遊びや絵本などの保育技能を調べておくとよい。遊びは子どもの発達に大きく関わるため、一人で遊ぶもの、友達と遊ぶもの、大人が中心になるものなど、いろんな視点から事前に調べておく必要がある。

　以下、各年齢児の発達の特徴と、遊び・手遊び・絵本などの例を整理しておく。

1. 子どもの発達と保育の確認

(1) 3歳児（年少児）
①発達の特徴
　基本的生活習慣の自立が見られ、一人でやる姿が見られる。自我が芽生える時期で、話し言葉を使って「どうして？」「なぜ？」など、知的興味や関心が高まる。遊びは、同じ遊びをしている平行遊びが多く、それぞれがその遊びを楽しんでいる。個人差が強く出る時期でもあり、自発性を尊重することが大切である。

②遊びの特徴
　子どもどうしの会話ができるようになったり、友達と順番で物を使おうとする姿が見られ始め、友達との触れ合いによるトラブルが見られることがある。

③具体的な遊びの例
- 大人の行動や日常生活において経験したことを取り入れたごっこ遊び……お店屋さんごっこ・電車やバスごっこなど。
- 興味・関心をひく遊び……音当て遊び、音楽・リズム遊びなど。
- 簡単なルールの遊び……鬼ごっこなどの決まりが一つの遊び。
- 外遊び……園庭の遊具（ジャングルジム・鉄棒など）や砂・泥・水を使った遊び、補助つき自転車などの遊具や用具を用いた遊び。
- 身近なものを使って遊ぶ遊び……新聞紙や折り紙、空き箱などを切ったり貼ったり塗ったりする遊びなど。

(2) 4歳児（年中児）
①発達の特徴
　自意識が芽生え、自分の行動やその結果を予測して、不安や自分の思いどおりにならないのではないかと葛藤も経験し始める。全身のバランスを取る能力が発達し、異なる2つの動きを同時に行えるようになり、

体の動きが巧みになる。想像力が豊かになり、目的を持って行動し、作ったり、描いたり、試したりするようになる。自然や身近な環境に関わるようになり、特性や関わり方、遊び方を体得していく。

友達といっしょに関わることが増え、身近な人の気持ちを察し、自分の気持ちを抑えて我慢することができるようになる時期でもある。仲の良い友達ができ、友達といっしょにいる喜びが大きくなる時期である。

②遊びの特徴

身の回りの生活への関心が広がる時期（数の概念など）であり、自分の思ったことや体験したことを言葉で表現できるようになる時期である。また観察力が鋭くなり、友達の姿を見て学習し、やり方を見つける。

③具体的な遊びの例

・自由表現を楽しむ……想像の世界の中で、表現を楽しむ。段ボールや新聞紙などを使ったダイナミックな遊びなど。
・見立て遊び……何人かで協力しながら、砂場を海や川に見立てたり、積み木を使って町に見立てたり、変身ごっこなど。
・文字や言葉、数や数量への関心……絵本や紙芝居、パズルなど。
・集団遊び……ルールのある鬼ごっこやわらべ歌など。

(3) 5歳児（年長児）

①発達の特徴

基本的生活習慣が身につき、運動機能は大人と同じ行動がほとんどとれるようになる。細かい手指の動きが非常に発達し、知的な面でも記号や文字に興味を持つ。仲間との遊びの中では、言葉によって共通のイメージを持って遊ぶ姿がある。目的に向かって集団で行動できることが増える。遊びを発展させ、楽しむために、自分たちで決まりを作ったりする。また、自分なりに考えて判断したり、批判する力が生まれ、けんかを自分たちで解決しようとする。他人のために役に立つことをうれしく感じたり、異なる思いや考えを認めたりといった社会に必要とされる

力を身につけ、仲間の中の一人として自覚が生まれる。

　②遊びの特徴

　グループで遊んだり、仲間と同じイメージを持って遊ぶ姿や、年長児であるという自覚が生まれ、小さい子のめんどうを見たり、仲間内の中ではリーダ役の子が現れ、ルールのある集団遊びを楽しんだりするようになる。また遊びを楽しむだけなく遊びを通して充実感や満足感を味わい、それを自分の言葉で表現する。

　③具体的な遊びの例

　・ルールのある集団遊び……ケイドロや氷鬼やドンじゃんけん、サッカーやドッジボールなど。

　・室内遊び……すごろくなどのルールのあるゲームや人形などを使ったごっこ遊びなど。

　・細かな手先を使う遊び……折り紙、あや取り、身近な素材を使った遊具づくりなど。

2．それぞれの子どもに合った絵本

　絵本はそもそも集団で見るために作られたものではない。一人でページをめくって読んだり、親や先生の膝の上で読んでもらうのが本来の読み方である。どんなにすばらしい絵本でも、描写の細かいものや子どもの手のサイズの小型のものは、集団で読むにはふさわしくない。絵が見えやすいように配慮や工夫をすれば、集団で楽しめるものもある。「おおきなかぶ」（福音館）はその代表と言える。見る側の子どもたちと「うんとこしょ、どっこいしょ」と声をそろえながら楽しむことができる。

　友達といっしょに楽しむこと、絵本の世界を友達と共有することなどは、成長過程の中でも重要である。そのため、子どもが新しい世界に触れたり、自分とは違う見解や考え方を学んだり、身近な物事の大切さを感じることができるように、広い範囲から絵本を選べることが望ましい。集中できる時間は年齢によって大きく違うので、絵本を選ぶときに気を

図表1　年齢に応じた絵本の例

3歳児	「あおくんときいろちゃん」レオ・レオニー作絵/至光社/1967年 「ねずみくんのチョッキ」なかえよしお作/上野紀子絵/ポプラ社/1974年 「はけたよはけたよ」かんざわとしこ文/にしまきかやこ絵/偕成社/1970年
4歳児	「ぐりとぐら」中川李枝子作/山脇百合子絵/福音館書店/1967年 「わたしのワンピース」にしまきかやこ文・絵/こぐま社/1969年 「ふしぎなナイフ」中村牧江・林健造作/福田隆義絵/福音館書店/1997年
5歳児	「おおきなきがほしい」佐藤さとる作/村上勉絵/偕成社/1971年 「おしいれのぼうけん」古田足日・田畑精一作/童心社/1974年

(筆者作成)

つけたい。

　絵本選びのポイントを挙げると、次のとおりである。

・今の子どもの状態を把握する（発達段階・実際の様子など）
・それまでの保育の流れ
・季節
・どの時間帯に読むのか
・どんな遊びをしているか
・何かに感動していることがあるか
・読み手自身が楽しい！　おもしろい！　感動するもの

　絵本には「○歳向け」と書かれているものもある。自分が読みやすい、子どもの今の時期に適したものを多く選び、実習の際は担当の先生に相談に乗ってもらおう（**図表1**参照）。

　自分で「これがいい」と思ったら、何度も練習して読みやすい持ち方と見やすい読み方を研究してから子どもたちの前で読むようにすると、より絵本が生きてくるだろう。

3. そのほかの保育技能

　絵本に限らず、手遊びや紙芝居、パネルシアターやペープサートなど、保育技能と呼ばれる技術がある。実習に行くまでに、一つでもよいので身につけておくと、実際に子どもを目の前にして緊張することが減るかもしれない。しかし、保育技能を使って子どもを楽しませること、方法

を身につけることは、実習や保育現場では役に立つことではあるが、そうした保育技能は、子どもを静かにさせておく手段や保育時間を埋めるための活動になりかねない。保育者主導型保育に傾いてしまうことがあるので、保育技能の習得はとても必要なことではあるが、気をつけてほしいことでもある。

　実習に出る前までに作ったり調べたり、大学や学校で教わったものがあるとよい。それをいかに自分のものとしておくかが大切である。保育の勉強を始めたばかりの皆さんが、短期間のうちにたくさんの保育技能を学ぶことは難しいだろう。数や量を求めるのではなく、目の前の子どもたちに合ったもの（発達過程やクラスの状態など）を選んで行うことが必要である。間違った選択をすると、独りよがりの舞台となってしまう。

　まずは本などで調べ、できそうなものや興味があるようなものから始めるとよい。そして実習に行き、実際の保育者が行っている保育技能をたくさん見るとよい。そこでもし機会を得て、自分の保育技能を子どもたちの前で披露する場合、上手に行えたかどうかを一喜一憂するのでなく、子どもたちの反応がどうだったかを、次の自分自身の学びに変えていくようにしたい。

【引用・参考文献】

　石橋裕子・林幸範編『知りたいときにすぐわかる──幼稚園・保育所・児童福祉施設実習ガイド』同文書院、2011年

　太田光洋編著『幼稚園・保育所・施設実習完全ガイド──準備から記録・計画・実践まで』ミネルヴァ書房、2012年

　久富陽子編『実習に行くまえに知っておきたい保育実技──児童文化財の魅力とその活用・展開』萌文書林、2002年

　谷田貝公昭・上野通子編『これだけは身につけたい保育者の常識67』一藝社、2006年

第10章

実習生としての姿勢

宮野　周

第1節　子どもとの関わり

1. 子ども理解について

　子どもは、優しい先生かどうかといった期待や思いをこめて実習生を「先生」と呼ぶ。初めて子どもたちから「先生」と呼ばれたときは、その違和感から落ち着かないかもしれない。しかし、実習生であっても子どもに多くの影響を与える「先生」としての自覚は常に持っていたい。実習は幼稚園における子どものあるがままの姿に触れ、保育者の仕事に実際に関わることで子ども理解や保育に対する理解を深める場である。特に自分なりの子どもの見方を深めていくことは、実習における大切な学びの一つである。実習生は、ただ子どもといっしょに遊んで「子どもはかわいいと思った」とか「楽しかった」で終わるのではなく、子どもが遊びを通してどのようなことを経験し、成長していくのかを観察したり、子どもの発達を的確に把握し、適切に援助していくにはどうしたらよいかを考えたりすることにつなげていかなければならない。

　子ども理解を深めるための観察では、子どもと関わらずにそばから見る場合と、いっしょに遊びながら見守るなどの方法がある。まずは、その日配属されたクラスの子どもたちを、一日の生活の流れに沿って観察する。そのときに大切なことは単に「○○遊びやごっこ遊びをしている」「一人遊びをしている」「集団遊びをしている」などと表面的な遊びの形態だけにとらわれたり、全くの傍観者として保育に参加したりするのではなく、子どもは何に興味を持っているのか、その遊びを通して何を楽しんでいるのか、何を求めているのかなどといった観点で捉えていくことである。

　子どもがよく遊んでいる場所や物には、どのような意味があるのか。

どのような友達関係の中で遊びが展開されているのか。特定の子どもたちだけでなく、多くの子どもといっしょに遊ぶことにより、その子どもに対する見方がより深く分かるようになる。実際に子どもの遊びをよく捉え、適切な援助を行うためには、子どもの発達に対する理解は欠かすことはできない。年齢による発達の違いや、同年齢であっても発達は子ども一人ひとり異なる。子どもの発達の的確な把握なくしては、適切な援助はできない。子どもの遊びについて、発達を踏まえながらさまざまな視点で捉えていくと、そこから子どもにとっての遊びの意味が深く感じ取れるようになるだろう。実習中は、常に幼稚園教育要領を見直したり、これまでの授業等で学んできた学習内容を振り返ったりしながら取り組んでいくとよい。また子どもと関わるきっかけとして、日ごろから子どもの文化（子どもが興味・関心を持っている遊びや玩具など）にも触れておいてもよいだろう。

2. 担当の保育者の動き、関わりをまねる

　実習に行くに際して、どのように子どもと関わったらよいか戸惑う学生も少なくない。まずは、担当の保育者が大切にしている子どもとの関わりをまねながら動くこと、指示に合わせて動くことから始めることである。子どもの名前の呼び方、働きかけ方、言葉がけ、クラスのルールなどを観察し参加する。

　クラス保育の場面では、担当教諭の補助的な立場に徹し、担当教諭の要請に従い、教諭の援助をしながら、担当教諭の身ぶりや言葉による要請を敏感に察知し、速やかに行動することが求められる。「援助」と一言で言ってもさまざまな関わり方がある。ときには注意し、ときには励まし、ときには手を添えて子どもの生活や育ちを援助する。担当教諭の指導に従って、子どもの発達やその場の状況を理解しながら、なぜこの子はこのような行動をするのかをよく考えながら食事、排泄、着脱衣、清潔などの生活援助についても積極的に学んでほしい。

第2節　保護者との関わり

1. 実習生のほう・れん・そう

　実習中に実習生が関わるのは園長先生や教職員、子どもたちだけではない。急な来客や子どもの登園・降園時などには、保護者と関わる場面もある。実習生という立場であっても園の一員としての自覚を持ち、特に園内で保護者や来客の方々を見かけたときには自分から進んで「おはようございます」「こんにちは」などと挨拶するようにしよう。

　実習中に保護者に声をかけられたとき（用事や伝言を頼まれたとき）や、保育や子どものことなどで相談を持ちかけられたときには、「実習生であること」をきちんと伝えて、自分で対応しようとせずに直ちに園長先生や担任の先生もしくは職員に取り次ぐようにする。話すときには敬語を用いることも大切だが、丁寧な言葉を使って話すように心がけよう。

　このような場面においては社会人のコミュニケーション能力として「報告・連絡・相談＝ほう・れん・そう」が基本であるといわれる（**図表1**）。「後で伝えようと思っていたが、伝えるのを忘れた」や「言った」「言わない」などで後のトラブルを避けるために、必ず実習生の自分勝

図表1　実習生の「ほう・れん・そう」

ほう 報告	れん 連絡	そう 相談
・子どもの体調 ・子どもとのトラブル ・子どもの事故やけが 　など	・実習生の遅刻、欠席 ・保護者からの伝言 　など	・問題解決のための助言 ・対応の仕方 　など

（筆者作成）

手な判断で行動するのではなく、園長先生や担当の先生に直ちに相談や報告、連絡（ほう・れん・そう）をして指示を仰ぐようにしよう。

2．先生と保護者とのやり取りを学ぶ

　保護者との関わりの中で注意しておきたいことは、実習生という立場で園の保育方針を批判するようなことや、園の中で知り得た事柄を保護者に尋ねられたとしても、自分のかってな判断でみだりに話さないことである（第5節参照）。実習生が良かれと思ってしたことでも、後でトラブルになりかねない。その園における判断基準は園長先生にあることを認識しておくことが大事である。

　さまざまなトラブルを避けることから、実習生として保護者と関わる場面は決して多くはないかもしれないが、実際の教師と保護者とのやり取りを傍らで見学したり記録したりすることを通して、教師がどのような対応（話し方、解決の仕方）を行っているのかを一つ一つ学び取るように心がけよう。

第3節　実習生としてのマナー

1．挨拶

　実習生とはいっても一人の「先生」として、保護者や子どもからは見られるものである。ふだんの学生生活での自分をあらためて見直すためにも、知っておくべき社会人としてのマナーがある。実習生としての基本的な実習態度は前節でも述べたが、まず大きな声ではっきりと元気よく挨拶をすることである。挨拶は他人とコミュニケーションを取るうえで大切なことである。挨拶は相手に伝わらなければ挨拶にならない。頭

を下げるだけの会釈だけで済まさないようにしよう。

　また相手に挨拶されてから声を発するようでは、それは挨拶ではなく、返事である。その人の第一印象にもつながる「おはようございます。今日も一日お願いします」を相手の目を見て元気な声で挨拶すれば、活発ですがすがしい印象を与えるだろう。

　また退勤時の挨拶においては、アルバイトなどで挨拶代わりに使われる「お疲れさまでした」は実習生から先生方に対してねぎらいの言葉をかけることになるのでふさわしくないだろう。「今日も一日ありがとうございました。明日もよろしくお願いします」が適当である。

2. 気配り

　園児や実習先の職員をはじめ、多くの人の協力のもとに実習が実現している。実習は「将来、幼稚園教諭として働くことを目指す学生」という了解のもとに受諾されている。「実習をさせてもらっている」という気持ちを常に大切にしたい。

　実習では園児の生活や活動の実際の場を訪問することになるので、活動の妨げや迷惑、先方が不快にならないように気をつける。一日の保育には流れがある。その流れを適切に読み取り、子どもの活動のじゃまをしたり、保育のじゃまをしたりすることのないよう心がけてほしい。また自分勝手な行動や独りよがりの言動を慎み、職員の指示に従うことが大切である。実習中はかってに判断せず、もし子どもがけがをしてしまったら、すぐに先生に知らせ、指示を仰ぐことが大切である。分からないことや疑問に思ったことがあれば、遠慮なく先生に相談・質問し、解決していくように努めよう。

3. 学びの姿勢

　実習では子どもから学ぶことが多いものである。自分がこれまでの授業や生活の中で知り得たことを総合して、実際の子どもたちのありのま

まの姿を学ばせてもらえる機会である。どのような子どもたちがいるのか、子どもの年齢による発達の違いや子どもがどのようなものに興味や関心を持ち、どのような遊びを展開しているのかを学び取ろうとする姿勢が求められるだろう。積極的に子どもとやり取りをし、言動のキャッチボールから子どもたちの心をできるだけつかむようにする。そのためにも、子どもとの距離が近くなるように一人ひとりの名前を早く覚え、名前を呼んであげることも有効な方法だろう。

4. 掃除

「実習は、掃除に始まって掃除に終わる」と言われるように、掃除を丁寧に行い、清潔・整理整頓に心がけることが子どもの保育への第一歩である。掃除は「雑用的な仕事」と受け取られる傾向があるが、幼稚園の教育は「環境を通して」と言われるように、掃除は良い環境づくりの基礎となるものであり、りっぱな保育活動である。そのことは、子どもが新鮮な気持ちで安心して園で一日を過ごすことにもつながる。

子どもの遊びや活動することそのものが、掃除や後片づけを必要とするものである。清掃や片づけの煩わしさを考えるあまり、活動を縮小したり取りやめたりすることは、保育の本質からは外れることになるだろう。「汚れたらきれいにする」という気持ちで手際よく丁寧に掃除ができるようにしてほしい。雑巾の絞り方や机の拭き方、ほうきの掃き方などは、自分自身の生活を振り返り、身につけておくことが大切である。

また実習中使わせていただく部屋（ロッカーや更衣室など）は、いつも整頓しておく。実習が終わったときには、きれいに掃除し、ゴミなども指示に従って処理する。

5. 言葉遣い

園長先生や担当の先生、職員などの目上の人と話すときは正しい敬語（尊敬語・謙譲語）を用いるように心がける。相手の話にはうなずくだけ

ではなく、きちんと聞こえるように「はい」と返事をする。

　子どもと向き合うときには、きれいな（丁寧な）言葉遣いが求められる。相手が子どもだからといって、なれなれしい言葉遣いにならないように保育者としての自覚ある言葉遣いを意識してほしい。子ども相手だからといって、ただ大きい声で元気よく話せばよいのではない。子どもが話す声の大きさや速さに合わせて話すようにし、子どもの心を傷つけてしまう言葉は決して使わないように注意したい。

　子どもたちの見本となるような言葉を使うように常に心がけたい。

第4節　身だしなみ、通勤、体調管理

1．身だしなみについて

(1) 服装

　実習生といえども先生（保育者）と見なされることから、服装については十分な配慮が必要である。基本的に自宅から幼稚園までの通勤に使う服装と、保育をするときの服装は別に考える必要がある。実習が近づくと配属の実習園に行き、実習に当たってのオリエンテーション（実習園による事前指導）が行われる。このとき初めて園を訪問することになるので、それぞれの園によって多少異なる場合もあるが、原則としてきちんとした服装（襟付きのシャツ、ズボンなど、スーツに準ずるもの、過度に胸元の開いたシャツ・ブラウスなどは避ける）を準備しておく。一般的には、実習園において動ける服装に着替えて一日を過ごすことになる。服装は清楚・清潔で活動に適したものを用意する。その際の格好も、学生として恥ずかしくない服装をしたい（運動着などを用意し、色や柄がはでなものや着古して穴が開いたものは避ける）。必要に応じて着替えやタオ

ル、エプロンなども各自で用意し、特に指示がない場合でも布製の名札なども用意しておくとよい（子どもたちにも分かるような字で、平仮名で自分の名前を書いておく）。また、活動の中でプールでの遊びが計画にある場合には、水着の準備も必要である。靴は通勤用と保育用のものとに分けておく。外履き用と内履き用で運動靴を用意しておいたほうがよい（ヒールやスリッパ、サンダルなど、かかとが止まらないものは不可）。

(2) 頭髪

　頭髪については、最近は明るい色に染めることがはやっているが、多くの実習先では、髪の毛を染めていることに対して良いイメージで理解してもらえない。もともとの自然な髪の色に戻すことが望まれるだろう。その他、長い髪の場合はゴム（はでな色使いのものではなく、黒・紺・茶が望ましい）などでまとめるなどして、保育中に髪型を気にしていたり、視界を妨げたりすることがないように準備しておくとよい。

(3) アクセサリー・爪・化粧

　子どもの柔らかい肌を傷つける可能性があるので、腕時計や指輪、ネックレス、ピアスなどのアクセサリー類は外しておき、爪も短く切っておくようにする（マニキュアは不可）。長時間の戸外遊びを考慮すると、帽子（サンバイザー）の準備が必要である。また日焼け止めも含めた化粧も、基本的に先生として恥ずかしくないナチュラルなものを心がけよう。つけまつげやアイラインなど、濃い化粧は避ける。また香水、たばこ（喫煙）などの香りも避ける。自分の持ち物にもそうした匂いが付いていないか確認しておくとよい。

　そのほか、もし分からないことがあれば事前に実習園の先生に尋ねて確認するとよいだろう。

2. 通勤について

　あらかじめ決められた時間までに出勤する。実習当日やオリエンテーション（実習園による事前指導）での遅刻は厳禁である。事前に園の場所、通勤の経路や所要時間を調べたり、計ったりしておく必要があるだろう。交通機関のダイヤの乱れなどの事態が起こることも考えられるので、時間には十分余裕を持ち、最低でも10〜15分前までには実習先に到着するようにする。出勤したら、まず出勤簿に捺印することを忘れないようにする。特に実習中の遅刻は許されない。早く着きすぎた場合には、時間まで待たせていただこう。しかし実習先は保育中、特に多忙であることを理解しておき、実習生がお客様にならないように気をつけよう。

　体調などが悪く、欠勤する場合は早めに担当者に連絡を取り、指示を仰ぐようにする。また併せて、養成校にもそのことを報告・連絡する。実習期間中は「養成校の学生」ではなく「幼稚園の職員＝保育者」としての立ち居振る舞いが求められることや、実習に専念するためにも、実習中のアルバイトは控える。通勤時や休日の外出時には幼稚園関係者に会うことが予想されるため、常に「保育者」として見られているという意識を忘れないように行動する。

3. 体調管理について

　万全の体調で実習に臨むために、定期的な健康診断は必ず受けるようにし、実習先には健康診断書を提出する。必要に応じて細菌検査も行う。また、麻疹などの抗体検査も行っておく必要がある。実習の時期にも関係するが、インフルエンザの予防接種を受けるなど、各自で健康管理は行っておくとよい。

　実習に臨むに当たっては、実習生自身による体調管理は欠かせない。持病など気になることがあれば、実習前に養成校の担当者に相談してお

く。実習中はふだんの生活とは異なり、決められた時間で行動することが必要になる。朝早くに出勤し、一日中子どもと関わったり、保育室やトイレの掃除をしたりといった仕事はもちろんのこと、保育中は子どもから目を離せない、すなわちその場から自分でかってに離れることが許されない場面が多い。そうした慣れない環境や緊張状態が続くと、過労や心労が重なり体調を崩しやすくなるので、自己の健康管理には万全を期すようにする。特に、実習の後半は気の緩みなどから体調不良になりやすいので、自己の健康には注意を怠らないようにする。また、つい子どもとの遊びに夢中になってしまうが、汗をかいたらタオルで拭いたり着替えたりするなどの基本的な温度調節も管理できるように留意しておきたい。

実習中は規則正しい生活を心がけ、十分な睡眠時間を確保できるように留意し、早寝早起きできるようにしよう。休日の過ごし方も、十分な栄養と睡眠を取り、身体を休めるようにしたほうがよい。

第5節　プライバシーへの配慮

1．守秘義務

学校の教員や医師、弁護士など、特に業務上、住所や氏名、家庭の事情など個人の秘密を知りうる立場にある職業では「守秘義務」が徹底されている。「守秘義務」とは、業務中に知りえた秘密を外部に漏らしてはならないということで、その職を退職した後も同様に遵守すべきものである。違反した場合には懲戒処分など厳しい罰則を受けることもある。

これは実習生であっても、実習中はその園の職員の一員（いわゆる社会人）であるという自覚を持つ必要があり、他の職員と同様に守るべき

ものである。実習中に個人の情報を見聞きし、知り得た情報などは家族や知人・友人にみだりに話さないようにする。たとえ園の関係者（保護者）であっても、他の家庭の状況を話したりすることはトラブルの原因にもなるので避けよう。特に、実習終了後など学生どうしで公共の場に集まり、園の中で知りえた情報を話すことがないように注意したい。

また実習記録なども、同じくプライバシーへの配慮から、実名ではなくイニシャルなどで記入する場合もあるので、園の指示に従い、確認するとよい。

2. 個人情報の管理

プライバシーへの配慮という観点からすると、個人情報の保護は欠かすことができない。子どもの氏名や住所、家庭の状況などの個人情報は厳格に管理することが求められるが、軽率な行動から情報が外部に流出することも考えられる。特に最近は、教職員の書類紛失や車上荒らしによるパソコンの盗難被害などの報告がなされている。こうした状況を踏まえて、個人情報が外部に流出したり紛失したりすることのないようにきちんと管理する必要がある。

実習生は、子どもの名簿など重要なデータや書類は安易に持ち出さないようにするなど、細心の注意を払って扱う必要がある。どのような配慮をすべきかは、園の指示に従うようにしよう。

【引用・参考文献】

小川清美編著『幼稚園実習』ななみ書房、2006年

玉井美知子監修、田中正浩・浅見均編著『免許取得に対応した幼稚園教育実習』学事出版、2002年

玉置哲淳・島田ミチコ監修、大方美香・瀧川光治・中橋美穂・卜田真一郎・手良村昭子編著『幼稚園教育実習』建帛社、2010年

第11章

子どもとの関わり

柴田千賀子

第1節　実習の内容と子どもとの関わり

　実際に子どもと関わってみると、予想とは違う子どもの姿に触れて驚くことが多いかもしれない。子どもと関わる中で、その子の思いや行動の意味に気づいたとき、子どもの育ちが多様であることが見えてくるだろう。

　あなたが子どもだった頃のことを思い出してみてほしい。何かに夢中になったこと、一生懸命説明しようとしたけれど伝わらなかったこと、そういった子どもの真の思いは、テキストからの学びだけでは気づきにくいものである。実習中の子どもとの関わりを通して、少しでも多く子どもの世界に触れ、子ども理解を深めていこう。

1. 観察実習における子どもとの関わり

　観察実習では、保育者の子どもとの関わり方を観察することで、保育のねらいや保育者の思いがどのようなものであるか考えてみよう。保育者の言葉のかけ方、立ち位置、環境設定の仕方といった具体的な子どもとの関わり方を観察することは、あなた自身の子どもとの関わり方を考えるうえで重要な機会である。

　また、幼稚園の方針や保育観によって、保育者の子どもへの関わり方も多様なものとなる。観察実習は、その園の方針や考え方を知るという点においても重要なのである。次のような視点で、保育者と子どもたちの関わり方を見てみよう。

・どのように子どもたちを呼んでいるか。（愛称で呼ぶのか、「○○ちゃん」、「△△さん」など名前の呼び方はどうか？）
・クラスや年齢ごとに約束事はあるか。
・子どもたちへの話し方はどうか。

・子どもたちへの働きかけ方はどうか。

2. 参加実習・責任実習における子どもとの関わり

　参加実習・責任実習では、実習生であるあなたも指導案に従って子どもと関わることになる。実際に子どもと関わってみると、観察実習では気づかなかったことが見えてくるだろう。

　次のような場面で、あなたはどのように子どもと関わるだろうか。実際の保育の場に立ったつもりで考えてみよう。

(1) 目の前で子どもがけんかを始めた。あなたならどうする?

　まずは、そのけんかがけがを伴うような危険性のあるものかどうかを判断しよう。積み木やいすなど、殴りつけてけがをするようなものを手にしている場合は、すぐ止めに入らなければならない。しかし、けんかだからといって全てに仲裁に入るのではなく、状況を丁寧に見守ることが必要な場合もある。それは、けんかの中に子ども一人ひとりの自己主張がこめられているからである。けんかは、自分と相手との関わり方を学び、葛藤や挫折を体験する大切な機会でもある。

　子どもの年齢や性格、園の方針によって対応の仕方も違ってくるので、基本的な子どもの発達を理解したうえで、担当の保育者とけんかの対応の仕方を話し合うことも必要である。

(2) 子どもが言うことを聞いてくれない。あなたならどうする?

　子どもたちが話を聞かない原因はどこにあるのか、考えてみよう。子どもたちが、自分に向けて話しかけられていると感じていなければ、いくら大声で話しても聞いてもらえないだろう。話しかけている子どもの名前を呼ぶことで、自分に話しかけられていると理解しやすくなる。また、子どもはどのように行動したらよいかということが、子どもに分かりやすく伝えられているかどうか振り返ってみよう。抽象的な言い方で

はなく、具体的に伝えることも必要である。

　以上の2つのケース以外にも、実際に子どもと関わってみると、イメージしていた子ども像との違いに戸惑い、子どもの言動に疑問を抱く場面に出会うだろう。このような課題は、自分一人で解決しようとせず、保育者と話し合う場を積極的に持ち、その後の子どもとの関わりに生かしていくことが大切である。

第2節　集団での関わりと個々との関わり

1．保育の中の「集団」とは

　保育の中の「集団」とは？　と問われたら、あなたはどのような場面を思い浮かべるだろうか。
- ・クラスの集まり
- ・飼育動物の世話などの当番活動
- ・運動会や発表会といった行事の集団演技
- ・グループ活動

このように、複数の子どもたちが集まって一斉に何かに取り組んでいる場面を「集団」と捉えるかもしれない。しかし、保育の中の「集団」とは、単に子どもたちが集まって一斉に活動する場面だけを指すものではない。では、何をもって「集団」と考えればよいのだろうか。次の事例から考えてみよう。

〔事例1〕A幼稚園　たいよう君とひかる君の事例
　　たいよう君とひかる君は、新聞紙で作った剣を手にして戦いごっこに

夢中である。遊戯室で戦っていたひかる君は、「外に行こう！」と勢いよく靴を交換して外に飛び出した。たいよう君も後に続くが、いっこうに外に出てこない。「どうしたんだよ」と不満そうに、ひかる君が様子を見にやって来る。たいよう君は、外靴を履こうとするが、靴ひもが絡まり、なかなか履くことができない。

　ひかる君は懸命にたいよう君の靴ひもを結び直そうとするが、難しい様子である。しばらく靴ひもと格闘したひかる君は、「待ってて！」と走り去り、周囲に「ひも、結べる人いる？」と声をかけて回った。たいよう君は、たちまち数人の子どもたちに囲まれ、靴ひもを結んでもらった。ひかる君は、「今度はひも無しの靴にしてってママに言っておいてね」と、たいよう君と共に駆け出していった。

　たいよう君とひかる君の傍らでは、保育者が2人の様子をじっと見守っていた。

　この事例の中のたいよう君とひかる君は、複数の子どもたちで集まって一斉に同じ活動をしていたわけではない。靴ひもを結ぶということは、個人が獲得すべき課題であると考えることもできるだろう。しかし、傍らにいた保育者は、すぐにたいよう君の援助をするという関わりではなく、ひかる君とのやり取りを見守ったのである。ひかる君は、いっしょに戦いごっこがしたいという心から、なんとかたいよう君が靴ひもを結ぶことができるようにと考え始める。そして、周囲の子どもたちにも応援を要請し、ついには子どもたちだけで解決していったのである。

　このように、一見すると個人の課題のように見えることであっても、集団の中の一人として子どもの姿を捉えて関わっていくことによって、子どもどうしのつながりが豊かになっていくのである。園生活における「集団」とは、必ずしも子どもたちが同じ場に集まって一斉に同じ活動をすることだけを示すものではない。実習を通して、子どもと生活を共にしながら、園生活における「集団」の場がどのように存在するか、考

えてみよう。

2. 集団での関わりと個々との関わりの違い

　保育者が子どもたちと関わる姿を見ていくと、多様な関わり方があることが分かる。①クラス全員の子どもと関わる場合、②遊びのコーナーごとに関わる場合、③個々の子どもと関わる場合、など集団や個々で関わり方は異なっていることに気づくだろう。次に、集団と個々での関わりの違いを考えていくことにしよう。

(1) 集団での関わり

　まず、集団での関わりについて考えてみよう。基本的なことであるが、園全体、クラス、グループなど、それぞれの集団の規模によって、子どもに話す際の声の大きさに配慮が必要である。

　実習中には、集まりなどで子どもたちに話をする機会もあるだろう。そのようなとき、どのくらいの声の大きさで、どのような言葉で話せばよいのか、状況を判断して関わる姿勢が求められる。子どもの人数や状況を見て、適切な援助とはどういったものであるかを考えることが重要である。

　また、集団の中で保育者は、子どもどうしのやり取りを把握し、子どもたちが仲間として信頼し合えるように関わっていくことが求められる。集団の中で、ある子どもが遊具を独り占めする、思いがぶつかる、友達をたたくといった自己中心的な行動をとる姿はよく見られるものである。そのようなとき、保育者は、子どもの気持ちを代弁することで、友達の思いに気づくきっかけとなるような援助をしていくことが求められる。そうすることで、子どもたちは友達に気持ちを伝える手立てに気づき、仲間との信頼関係を深めていくのである。

〈集団での関わりで配慮したいこと〉

　・声の大きさ、話し方は適切かどうか。

・一定の子どもにとらわれず、全体を見ることができたか。
・気持ちを周囲に伝えられずにいる子どもの声を代弁するなどの援助ができたか。
・(実習生が)集団の意味を理解できたか。

(2) 個々との関わり

次に、個々との関わりについて考えてみよう。

保育者は、子どもたち一人ひとりの思いや意欲を大切にし、子どもの気持ちに寄り添うことが求められる。子どもの目線に立ち、目の前の子どもが何に関心を寄せているのか、夢中になっていることは何か、など丁寧に関わり、ときに共感していくことで、子どもとあなたとの信頼関係も築いていけるだろう。

子ども一人ひとりの世界を見ることができるのは実習のだいご味でもあり、重要な学びであるが、慣れない環境で、覚えることがたくさんある実習生にとって、その学びを全て記憶しておくことは難しいものである。そこで、実習日誌を書くときに思い出せるように、子どものエピソードはメモに残しておくようにしよう。ただし、保育中は時間をかけず、素早く書き留めるように工夫することが必要である。

また、子どもたちはさまざまな形で実習生に好意を寄せてくる。中には、一日中離れずいっしょにいる子どもがいるかもしれない。反対に、話したくても自分から歩み寄ることができない子どももいるだろう。そのようなときは、子どもの思いを大切にしながらも、他の遊びに目が向くようにさりげなく声をかける、特定の子どもだけではなく他の子どもにも声をかけて関わりを持つなどの配慮が必要である。

〈個々との関わりで配慮したいこと〉
・子どもの目線に立って関わる。
・子ども一人ひとりと丁寧に関わる。
・振り返りのために、注目したエピソードをメモに書き留めておく。

以上のように、集団や個々での関わりにはさまざまな違いが見られるが、保育者の関わりには、そこにこめられた保育者の思いや配慮があるということは共通している。限られた実習期間の中で、保育者のさまざまな関わりの意味を知り、そこから多くのことを学んでほしい。

第3節　配慮を必要とする子どもとの関わり

1．どのような配慮が必要か把握しておく

　幼稚園には、さまざまな配慮を必要とする子どもがいる。その配慮については実に多様であるため、事前のオリエンテーションなどで担当保育者から配慮すべき点を聞いておくことが必要である。配慮が必要な状況として、次のようなことが挙げられる。
　①複雑な家庭環境にあり、情緒が不安定な子ども
　②障害のある子ども（軽度発達障害など）
　③たたく、かみつく癖がある子ども
　④友達の輪の中に入れずにいる子ども
　特に、①、②のような状況はデリケートな問題である場合が多く、実習生には詳しい事情が説明されない場合もある。しかし、園から状況を知らされ、関わりを任された場合は、実習生だからという甘えは通用しないと考えて、真剣に子どもと向き合ってほしい。
　③、④のような場合、保育者はどのような関わり方をしているか、よく観察してみよう。たたく、かみつく子どもは、なぜそうしたのだろうか。たたかれた、かまれた子どもへはどのような配慮がなされたか。友達の輪の中に入れずにいる子どもにはどのような援助が必要か。
　保育者の関わりから学ぶこと、気になったことは自分の胸にしまい込

まないで積極的に聞く姿勢が重要である。また、このような場面に遭遇した場合は、どんなにささいなことでも保育者に状況を報告するようにしよう。

2. 軽度発達障害について

近年、保育現場において軽度発達障害への理解が求められている。ここでは、基本事項を述べるにとどめるが、保育者を目指す者として、さらに詳しく学び、正しい知識を身につける必要があるだろう。

(1) 軽度発達障害とは

軽度発達障害とは、「(高機能)広汎性発達障害」、「注意欠如・多動性障害(AD/HD)」、「学習障害(LD)」、「発達性協調運動障害」、「軽度・境界域の知的障害」の5つの障害の総称である。軽度発達障害を考えるうえで重要なのは、これらは脳や中枢神経系の問題であり、子どもたちはわざと気になる言動を起こすのではないと理解することである。軽度発達障害のある子どもたちの言動については誤った見方も多く、しつけや性格の問題であると誤解されることも少なくない。

保育者は、障害のある子どもへの正しい知識と関わり方を身につける必要がある。しかしながら、決して子どもたちを障害名でひとくくりにして見てはならない。障害のある子どもたちとの正しい関わり方を知ったうえで、一人ひとりを尊重するということを忘れないでほしい。

(2) AD/HDと自閉症の主な症状と関わり方のポイント

図表1は、軽度発達障害の中の、AD/HDと自閉症の症状と関わり方のポイントである。しかし、AD/HD、自閉症の子どもにこれらの症状が全て現れるわけではなく、症状にも個人差があることを理解しておきたい。

子どもは、安心して過ごすことができる居場所があることで、主体的

図表1　AD/HDと自閉症の症状と関わり方のポイント

	主な症状	関わり方のポイント
AD/HD	・多動性 ・注意散漫 ・衝動性	・焦らないで、待つ ・視覚に訴える ・漠然とした表現を避ける ・成功体験を増やす ・くどくど叱らない
自閉症	・社会性の障害 ・コミュニケーションの障害 ・こだわり行動	・落ち着ける環境を用意する ・シンプルな言葉かけを心がける ・視覚に訴える ・活動の区切りを明確にする

出典；[田中、2004] を基に作成

エプロンシアターの例

に行動することができる。どの子も尊重され、自分の存在が認められていると感じられるような丁寧な配慮が必要である。

　障害のある子どもへの関わりの配慮の一つとして、エプロンシアター、絵カードなど視覚に訴える教材を使ってコミュニケーションをとることも効果的である。

第4節　子どもとの関わりにおける留意点

1. 実習生も保育者であるという意識を持つ

　幼稚園は、子どもたちが安全に安心して過ごすことのできる場所である。実習生であるあなたは勉強中の身ではあるが、子どもたちの安全を守る責任があることに変わりはない。あなたも子どもの命を預かる保育者の一人なのである。また、子どもたちにとっては、実習生も保育者も

「先生」であり、大切な子ども時代の1ページにあなたの存在が刻み込まれるのである。これは、保育者を目指すあなたの大きな喜びであると同時に、重い責任でもある。実習中は、このような意識を持って子どもたちと関わってほしい。

　また、どんなに小さなけがやトラブルでも、保育者に報告することが必要である。あなたがささいなことだと思っても、実は大きな問題を含んでいたり、後遺症を伴うけがを負っていることも考えられるからである。気になることがあったらちゅうちょせずに、すぐ報告するように心がけよう。

2. 守秘義務を守る

　これまで見てきたように、子どもと関わるということは、目の前の子どもの姿だけではなく、家庭環境などその子を取り巻くさまざまな背景が見えてくるものである。そこで、今一度確認しなければならないのが守秘義務についてである。保育者には、業務上知り得た園や子どもに関する情報を他に漏らしてはならないという義務がある。この義務は、どのような状況にあっても守らなければならない。

　近年、ブログなどに気軽に情報を載せる人も多いが、園での情報はみだりに、インターネットをはじめ他に流してはならない。また実習先での写真撮影等に関しては、撮影の可否をよく確認したうえで慎重に取り扱わなければならない。

　これらのマナーを守り、子どもとの関わりの中から多くのことを学んでほしい。

【引用・参考文献】
　全国保育問題研究協議会編『人と生きる力を育てる――乳児期からの集団づくり』(保育問題研究シリーズ) 新読書社、2006年

田中康雄監修『わかってほしい！気になる子——自閉症・ADHDなどと向き合う保育』（ラポムブックス）学習研究社、2004年

射場美恵子・神田英雄『納得と共感を育てる保育——0歳児から就学前までの集団づくり』新読書社、1997年

水田和江・増田貴人編著『障害のある子どもの保育実践』学文社、2010年

第12章

幼稚園教諭から学ぶ

田中　卓也

第1節　言葉かけと環境構成を学ぶ

　幼稚園での実習では、幼児の姿を見ながら、教師が幼児に対して、どのような思いや計画を持って環境の準備や指導を行うのかを、現職の幼稚園教諭から学ぶことが多いと思われる。このことは大学・短期大学・専門学校など養成校では得ることのできない貴重な体験である。

　実習中は、担任の先生などが実習生の実習について、いろいろと話をしてくれる時間があるだろう。その日の実習を振り返り、疑問点・問題点などをいろいろ挙げながら、先生に質問していきたい。

　実習中とはいえ、現場の職員は通常の勤務であるため、このような時間を設けてもらえるのは、貴重な機会であると言える。実習生自ら質問をしていくことで、現場の先生との距離も徐々に近づくことになり、だんだん話しやすくなる。それを機会にたくさんのことを学ぶようにしたい。そのような時間は、特に園児が降園した後が大きなチャンスである。機会を逃さないように心がけたい。

　実習生は実習中に、さまざまな幼稚園教諭の言葉かけや援助の仕方について観察することになるであろう。ここではその保育者の観察を通して、ポイントとなるところを挙げ、詳細に見ていきたい。

1.「言葉かけ」にこめられた意味

　幼稚園教諭が園児と触れ合う際には、なにげない言葉を子どもにかけたりしていることを目にする。そのような言葉かけであるが、実は幼稚園教諭の意図や思い、願いがこめられていることが多い。

　言葉かけがどのような意味を持つのかを、幼稚園教諭の観察をする中で考えることが必要となる。最初はそのことに気づかなくても、実習を日々経験する中で、「そういう意味であったのか」と気づくこともある。

ここでは2つほど「言葉かけ」の例を紹介したい。

　まずは幼稚園の現場でよくある事例の一つである「降園の支度、降園の様子」の場面である。園児の中に、帰りの用意が終わっているのにもかかわらず、まだ遊びに夢中になっている園児がいるとしよう。そこに、ある幼稚園教諭が次のような言葉かけを行う。「お帰りの用意が先よ、○○ちゃん」「ちゃんとお帰りの用意ができたら、先生が紙芝居を読んであげるからね」というものである。その園児に対して幼稚園教諭の言葉かけの意図はどのようなものであったのか。

　園児は今日一日がとても楽しく過ごせたのであろう。楽しかったがゆえに、「お帰りの用意」をまだしていない園児が、遊びを楽しんでいる雰囲気を壊さないようにするために、先に用意を済ませてから紙芝居を読み、楽しい雰囲気にしようという思いをこめてその園児に声かけをしたものと思われる。幼稚園教諭の口調はいたって柔らかく、園児も先生に言われてからは特に不満もない様子で、紙芝居に夢中になっていたようである。

　次に、園児の活動中の事例を見てみよう。園児のみんなで「フルーツバスケット」をすることになった。幼稚園教諭は楽しいゲームになるように、それぞれフルーツの絵の入った紙帽子をかぶらせ、グループが分かるようにした。4歳児クラスから5歳児クラスに進級して間もないため、幼稚園教諭は友達どうしの名前を知ったり覚えたりできるよう、フルーツバスケットでいすに座ることのできなかった園児にそれぞれ自己紹介（自分の名前、誕生日など）や簡単なインタビュー（質問）をしてもらうことにした。単にゲームをするのではなく、園児どうしが友達になれるような関わり方を取り入れたものとなった。

　この事例では、ゲームの中で、名前や誕生日を話すことや、先生のインタビューに答えることを園児に行っている。幼稚園教諭は、進級したばかりの5歳児の子どもたちが、それぞれ早く友達になれるように配慮した言葉かけであったものと思われる。インタビューをして園児がそれ

に答えるといったものも、的外れの答え方である園児もいることから、ゲームの雰囲気におもしろさ、ユニークさを加味しようとしたのかもしれない。幼稚園教諭が行った言葉かけには、その背後に必ず思いや意図があるものであったことがうかがえよう。

　実習生は、とかく現場の先生の言葉かけを観察することに集中してしまい、どういう意味がこめられているのかを意識することが少ない。単に子どもたちに話をしたり、言葉かけをするのではなく、内容に伴い、園児全体に大きな声で話さなければならないのか、それとも誰か一人の園児に対してのものなのかについても、意識して見ることが大切となる。楽しいときの声のトーンと困ったときの声のトーンも異なるものである。今後、実習に取り組む実習生の皆さんには、言葉かけの意識もぜひ持ってもらいたい。

2. 言葉かけのタイミング

　次に大切なのは、言葉かけに際しての表情や動作である。現場にいる幼稚園教諭のしぐさに着目するとよい。楽しい場合には、身ぶり手ぶりも楽しそうにしているだろうし、困っているときや園児に注意をするときには、顔が引き締まり、固いこわばった表情を見せることであろう。また園児に説明するときには、具体的な物を持って園児に見えるように説明している様子をよく見かけるであろう。このようなしぐさによって、園児は話を理解しやすくなるのである。

　しかしながら、表情・動作にはタイミングがとても重要となる。園児が危険な動作やいけない行動をするときには、すかさず声を出すことになるであろう。また遊んでいる子どもたちに対して話しかけるときも、タイミングを見計らって声をかけることになる。

　すなわち、言葉かけの「タイミング」は、表情や動作と同じく重要なことなので、しっかり観察することが求められよう。

3. 環境構成を頭の中で描く

　幼稚園教諭はそのときの保育状況に応じて、環境構成を変えることがある。環境構成には、幼稚園教諭の考えるねらい・意図がある。実習生は、そのことをよく観察していく必要がある。保育室内は、園児個人のロッカー、積み木や大型遊具が置かれるコーナー、いすやテーブルなどがきちんと配置されている。保育活動をする中で、どのような環境構成になっているのかをよく見ておくとよいであろう。特に登園時、一斉活動時、昼食時、降園時などの活動に応じて、幼稚園教諭は環境構成を変化させることになる。一日ずっといっしょの配置であることは、まずありえない。さらに、晴れの日、雨の日など天候によっても、環境構成は変わってくるものである。構成の違いや大きな行事前の構成をしっかり観察しておくことが要求される。

　実習日誌では、環境構成を図で示すことがあるため、このようなことは後に役立つことになる。また、実習中に複数のクラスに入ることになれば、年少組・年長組による構成の違いや、同学年のクラスによる構成の違いも認められるので、その違いや特色についてもしっかり見ておきたい。

　次に、園全体の環境についても把握しておきたい。実習園のパンフレットなどには、園舎に関する見取り図や各クラスの配置を示した図などがまとめられていることが多い。これを参考に、ブランコ、ジャングルジムなどの固定遊具や砂場、植物、動物に関する飼育小屋などの環境が、実際に園の子どもたちの活動を通じて、どのように活用されているのかについて観察する必要が生じる。また、略図として記しておくこともよいであろう。とりわけ実習日誌には、戸外や園庭周辺における遊びのときなどに示すことがある。

　また、一斉活動のときには、実習生はどのような環境構成にし、子どもたちをどこに座らせたらよいのか、教師はどこにいたらよいのかなど

を略図によって示すことも大切である。

　実習生は、現場の幼稚園教諭の観察だけにとどまることなく、環境構成などを学習しながら、略図をメモすることを忘れないようにしたいものである。

第2節　教育実習はまねることから始まる

　実習生は事前の保育準備も必要となる。まずは、「先生」として振る舞うことになることを知っておきたい。また社会人としての自覚を持って行動することも大切となる。さらに子どもの目線からいろいろ学ぶことである。この課題は、実習のときには重要となることが多いので、忘れないでいただきたい。

　また、学生としてありがちな「自己中心的」な態度は、現場の先生方に迷惑をかけることになるので十分気をつけるようにしたい。実習生の皆さんの発言や行動は、子どもたちにすぐ影響を及ぼすことになる。

　常に子ども目線に立っているか、子どもを十分理解したうえで子どもとの関係を良好にしているか、現場の先生方に聞いてみるとよいだろう。園長先生、副園長、主任、担任の先生は皆、実習生を子どもを理解できる保育者に育てたいという気持ちでいっぱいである。よく傾聴し、洞察する姿勢を養っておきたい。

1. 現場の先生をまねてみる

　実習生は、実習が始まった頃には、保育を観察することが多い。また担任の先生に就くことが多いので、その先生の「まね」をして、保育に取り組むこともいい経験となる。「これはいいなあ」「私はこんなことできないけど、でも参考にしてみよう」と思うことがあれば、どんどん取

り入れていくとよい。

　また、ただまねをするだけでなく、少しずつ保育に慣れてきたら自分なりにアレンジすることも大切となる。「まね」することはあくまでも「まね」であり、オリジナルのものではない。できるだけ早く実習生自らのオリジナルな取り組みができるようになりたいものである。

2. 失敗から学ぶ

　実習中には、失敗はつきものである。実習生の中には、「失敗したらどうしよう。園長先生や担任の先生に叱られないかな?」とか、「失敗しないために、あまり手の込んだことはしないよう、ひかえめにしておこう」と考える人もいるようである。失敗すると気分が落ち込んでしまうからだと思われるが、現場は、人と人とが関わりを持ちながら活動するところであるということを十分理解しながら、失敗を恐れずに何事にもチャレンジする姿勢が大切である。

　失敗をしても、それをバネにして、将来的には生かせることがたくさんある。「幼稚園教諭として少し成長したのかな」と、前向きに考えるようにしたい。

　また、失敗してしまった理由について考えてみることも大事である。分からなければ、現場の先生に相談してみることをお勧めしたい。実習の取り組みに集中するあまりに、自分が見えなくなることも実習生にはよくあることである。現場の先生が多忙であるからと遠慮することなく、尋ねてみてほしい。

3. 現場で憧れの幼稚園の先生を見つける

　実習生は現場の先生をまねることから始まるのであるが、目標とする憧れの先生を見つけると、その先生に少しでも近づけるようにと努力をするようになる。まずは、服装、立ち姿や表情をまねることである。次に、子どもが振り向く言葉や呼びかけを行うことである。ときには子ど

もを叱ることもあるので、子どもたちが納得できるようなけじめをつけさせることが大切である。厳しさもときには必要なのである。また、子どもたちに関心を持とうと努力することである。さらに子どもと関わる中で、特技をより磨いたり、子どもたちとの遊びの環境づくり、気配りなどにも留意したい。

さらに、職員室での仕事や他のクラスの仕事などにも関心を持ち、手伝いができるようにしたい。それらは、保育計画の立案や行事の準備、人間関係づくりの基本となる。

最後に、実習中の基本的生活をよく理解しておく必要がある。食事の好き嫌いは事前になくすように努力したり、睡眠時間をしっかり確保するなどのことに留意したい。

第3節　教育実習は人間教育の場

幼稚園教育実習を経験して、実習生の皆さんはどのような感想や思いを持ったのであろうか。実習がうまくいった人もいれば、そうでなかった人もいるであろう。いずれにせよ、実習を終えてみて、「今後も幼稚園教諭としてがんばろう」という思いを持てることができたかどうかが大切である。「言葉かけ」についても、実習が始まった頃には、なかなかうまく声をかけることができず、自信をなくしていたとしても、実習が終わる頃になると、しっかり声かけもできるようになり、園児の子どもたちも動いてくれたり、うれしそうな表情を見せることもあったではないだろうか。

「保育の仕事」は、子どもと日々関わる中で作られていくものである。実習生と現場の先生とは、経験が圧倒的に違う。だからこそ、経験が大切であることを感じることが大切である。できること、できないことは

どんな保育者にもあることで、本気で幼稚園教諭としてがんばることで、このことは将来的に乗り越えていけることが多い。

今はできないことがたくさんあるとしても、幼稚園教諭として子どもに日々関わる中で、経験を増し、よりいっそう自分を磨くことになる。意欲があればあるほど目標もクリアでき、技術も向上する。

また幼稚園教諭は、豊かな感性を無限に持った子どもたちを相手にする仕事であるので、実習生自身も感性を大いに磨いてもらいたい。若さは武器であるし、若い頃にはパワーやエネルギーがみなぎっているので、そのための努力を惜しみなく使ってほしい。自然に触れ、美しさや生命の尊さについても関心を持つなど、好奇心旺盛であってほしいものである。子どもたちが好奇心旺盛であるのは大切なことであるが、その点については幼稚園教諭に対しても同じことが言える。

最後に、毎日を楽しく生き生きとして過ごすということを忘れないようにしてもらいたい。幼稚園にいる子どもたちは、先生と接する中で生活することになる。子どもたちの心情・意欲・態度を育てることを幼稚園では求められるので、先生はそのことを肝に銘じて、しっかり育て上げていってほしい。子どもたちにとって最高の先生であることを目指して、希望や夢を持って幼稚園教諭への道を一歩ずつ踏み出すことが求められるのである。

広島県S幼稚園の若手の幼稚園教諭は、次のようにメッセージを伝えてくれた。

「教育実習で入ったクラスの担任の先生が私の目標です。一人ひとりの子どもをしっかり理解し、子どもを引き受ける言葉かけや動きをしており、自分の体調などにもかかわらず、いつも笑顔で元気に接しておられました。よく、あの先生だったらどんな保育をするのかと考えながら保育案を作ります」

このように、実習のときに出会った先生をモデルとしてがんばる実習生はいるのである。すなわち「出会いを大切に」ということを教えてく

れる言葉である。

　幼稚園教諭を目指す学生にとって、保育の現場を学ぶ「実習」は誰もが通る道である。法律や規則に定められているからだけではなく、保育は学校の中で学ぶものではなく、現場で子どもたちと生活を共にして、理論や技術の真の意味を知るのである。

　実習は、社会的責任の大きい保育者を目の当たりにし、共に保育に携わることで、社会人に必要な素養や態度を身につける人間教育の場であることも忘れないでほしい。教師としての言動、園職員との連携、仕事の分担や保護者対応に至るまで、社会人・職業人としての自覚・責任について身をもって教えてくれる現場の幼稚園教諭はまさしく、人間教育の教師なのである。

　ときには厳しい先生、ときには皆さんの一番のサポーター（応援団）と言っても過言ではない。実習生に対して、ときに厳しい発言をしたとしても、きっと心の中では必死に応援しているに違いない。そんな現場の先生をぜひ味方にしてもらいたい。

　幼稚園教育実習を通して、実習生は一人の大人になり、また一人の社会人になるのである。教育実習はそのための絶好の機会と言えよう。

【引用・参考文献】
　秋田喜代美編集代表『今に生きる保育者論〔第2版〕』（新時代の保育双書）みらい、2009年
　阿部恵・鈴木みゆき編著『教育・保育実習安心ガイド』ひかりのくに、2002年
　池田隆英・上田敏丈・楠本恭之・中原朋生編著『保育所・幼稚園実習——保育者になるための5ステップ』ミネルヴァ書房、2011年
　大塚禮『実践に役立ちよくわかる幼稚園教育実習原論Q&A』青山社、2003年

神長美津子監修、永井裕美『先輩保育者がやさしく教える3・4・5歳児担任の保育の仕事まるごとブック』(ハッピー保育Book) ひかりのくに、2009年

玉井美知子監修、田中正浩・浅見均編著『免許取得に対応した幼稚園教育実習』学事出版、2002年

玉置哲淳・島田ミチコ監修、大方美香・瀧川光治・中橋美穂・卜田真一郎・手良村昭子編『幼稚園教育実習』建帛社、2010年

民秋言・米谷光弘・上月素子・安藤和彦編著『幼稚園実習』(新保育ライブラリ) 北大路書房、2009年

平岡弘正監修・著、森元眞紀子・小野順子編著『幼稚園教育実習——準備と自己評価で実力をやしなう』ふくろう出版、2011年

無藤隆監修、鈴木佐喜子・師岡章編『よくわかるNew保育・教育実習テキスト』治療と診断社、2008年

第13章

実習の実践と反省

井藤　元

第1節　責任実習

　本章では、まず、観察実習や参加実習で得た知識や経験を基に、保育者の立場に立って行われる「責任実習」について見ていくことにする。そして、実習生に絶えず求められる反省的視点と、計画の再考・再吟味の重要性についても検討する。最後に、いくつかの実践例を挙げ、実習中に行う実践のイメージを膨らませていくことにしたい。

　責任実習とは、実習生が自ら「責任」を持って保育者としての役割を担う実践のことである。一日のある一部を担う部分実習、午前か午後の保育を担う半日実習、一日まるごと責任を持って実践を行う一日実習（総合実習あるいは全日実習とも）がある。

1. 部分実習

　部分実習は、後に実習期間の集大成として行われる一日実習のための、いわば前哨戦と言える。そして、観察実習や参加実習で学んだことを実際に自分の手で試す貴重な機会である。実習中の部分実習の回数は実習園によって異なり、少なければ1〜2回、多ければ毎日行う場合もある。

　あらゆる物語がプロットの積み重ねによってストーリーを形作るように、保育実践もまた部分部分の積み重ねによって一日の全体の流れが形成される。部分をおろそかにしていては、全体をうまく構成することはできない。一つ一つの個別的な実践を細部にわたって充実させることによって、その日全体の実践が良質なものとなるのである。その意味で、部分実習の時間は極めて実践的な訓練の場となる。

　また、一日のある部分を担当教諭に代わって担うことは、観察実習や参加実習とは違い、大きな責任を伴うものである。すなわち、実習生は担当教諭が計画した一日の流れの中の一部を担わせていただいていると

いうことを自覚する必要がある。部分実習は一日の流れ（ストーリー）の中で独立して存在しているのではなく、流れの中にはめ込まれている。したがって、その日に行われる他の実践との連関の中で部分実習は位置づけられなければならない。さらに視点を広げるならば、一日の流れに沿うことを目指すだけでなく、週の活動や指導のねらいとも合致した内容となることが望ましい。より大きな文脈（流れ）の中で、個々の実践を意味づけていくことが求められるのだ。

　このため、実習生は実践を行う前日までに、担当教諭に指導計画に対する助言をしてもらう必要がある。幼児の状況に即した計画が立てられているか、一日の中のどの時間帯に実践を行うのか、また、どれくらいの時間をかけてその実践を行うかなど、担当教諭の指導の下、綿密に計画を立てなければならない。本来の指導案（日案）は前日の子どもたちの状況を把握したうえで構成されるべきものであるが、実習生にとって、短時間で良質な計画を練り上げることは困難である。実習以前から、どのような実践を行うかの具体的なイメージを持っておくことが不可欠なのだ。部分実習では、手遊びや紙芝居・絵本の読み聞かせなどを行うことになるであろうが、担当教諭が思い描く大きな流れの中で、その流れを共有しつつ、有効な実践を行っていかねばならない。

　本番では誰しも緊張し、思うように事が運ばないものである。事前に練習を十全に行い、周到な計画を立てておけば、自信を持って本番に臨むことができるはずである。特にピアノの伴奏などは、事前に十分な時間をとって練習しておく必要がある。

　また、実践の場では予期せぬ事態が起きることが多々ある。そうした不測の事態が起きることを前提として、あらかじめ「もしもの場合」に備えたシミュレーションをしておくべきである。

2. 一日実習

　数回の部分実習の後、実習期間の総まとめとして行われるのが一日実

習である。これは子どもたちの登園から降園まで、園生活の一日を担当教諭に代わって行う総合的な実習である。同時に将来、保育現場に立つ実習生が、一日の流れ全体を保育者の立場から疑似体験する高度に実践的な機会である。

　一日実習では園長や主任の教諭、あるいは実習生が在籍している養成校の教員が実習の様子を見学にくることが多い。このため、部分実習以上に緊張感を伴った形で実践を行うことになるだろう。部分実習よりも徹底した準備と計画が必要となるのである。また、部分実習と同様、一日実習の場合も当然のことながら、計画どおりに実践が進まないケースは多々ある。無理に計画のほうに子どもたちを当てはめるのではなく、計画のほうを柔軟に変更し、そのつど臨機応変に対応することが求められるのである。さらに、一日実習の際には、実習後、多くの場合、反省会の場が設けられる。ここでは担当教諭や園長、主任などから、実習に関する指導・助言などをいただくことになる。次節で詳しく述べるが、この反省会の場が、実践を消化・吸収し、そこで得た体験を次につなげていくためのかっこうの機会となる。ただ漫然と体験しただけでは、その実践がどのような点で優れていたか、あるいは問題を含むものであったか、どこに改善点があるのかなどに対して無自覚・無反省となってしまい、体験を自らの内に落とし込むことができない。経験豊かな先生方からの視点を通じて初めて見えてくる実践の意義や意味もあるであろう。反省会で出されるコメントやアドバイスは真摯に受け止め、今後の実践に生かしてほしい。

　実習生はいまだ十分な経験を持ち合わせてはいないが、その分、体験を新鮮と感じられるみずみずしい感受性や、先入観のないすなおな感性を持ち合わせている。反省会の場では、実践を通じて感じ、考えたことをありのまま吐露し、先生方からできるだけ多くのことをアドバイスしてもらうことにより、成長の糧としてほしい。

第2節　実践・反省・再考のサイクル

　前節では、幼稚園教育実習の総まとめとも言える「責任実習」に関する解説を行ったが、本節では実習の際に必要となる「実践→反省→再考→実践」のサイクルについて検討していくことにしたい。このサイクルは、らせん状に展開していく終わりなき過程である。

1．実践と反省

　まずは、実践と反省の関係について見ていく。保育の実践を行う際、その実践は絶えず反省を伴った形で展開されねばならない。すなわち、実践は反省とセットのものとして捉えられるべきであり、個々の場面場面で「今の働きかけは妥当であったか」「子どもへの言葉かけは適切であったか」など、そのつど自身の実践を顧みる姿勢が必要である。つまり保育者として実践を行っていく際には、常に自らの実践を客観的に捉える視点が求められる。刻一刻と移り変わる保育の現場においては、事態を冷静に把握し、物事を分析的に把握する姿勢が不可欠なのである。実践の意味づけを行ったり、実践を対象化して吟味するには、実践から距離を取った反省的視点が求められるが、状況をただ俯瞰的に見つめているだけでは不十分である。保育者は実践に深く没頭し、子どもたちと同じ時間を生きる必要がある。子どもたちとともに歌い、笑い、遊ぶ存在でなければならないのだ。この点こそ、保育者に求められる特有の資質、つまり、子どもの時間を生きつつ、大人の冷静さを保つというセンスが必須要件となってくる。一方で実践に深く身を置きつつ、他方で状況を客観的に捉える、という二重の役割が求められているのである。

　こうした二重の役割は、経験を積んでいく過程で獲得され、磨かれていくものであり、実習生の段階でそうした役割を十全に担うことは難し

いかもしれない。しかしながら、幼稚園実習に臨む際には、「没頭しつつ冷静さを保つ」という一見相矛盾するような態度の必要性を十分に理解しながら、現場に身を置いてほしい。幼稚園実習での観察実習は、いわば実践を客観的かつ冷静に見つめるための視点を鍛える時間と言ってよい。参加実習は、実際に子どもたちの中に入り、実践に没頭する感覚を養う時間とも言える。そして責任実習は、「観察しつつ参加する」ための訓練となるはずである。

　もっとも、実習生にとって自身の実践の問題点に自分自身で気づき、それを自ら改善することは容易ではない。そこで何よりも参考になるのが、担当教師からの指摘である。前節でも指摘したとおり、実習中に行われる反省会で、実習中の良い点と悪い点を担当教師に指摘してもらうことにより、自分自身では気づくことのできなかった視点が得られることになる。数々のアドバイスを受け、実践への反省を繰り返すことで、実践を的確に捉えるための視座を内面化することが目指されるのである。

　そして、自己反省（自己評価）と他者からの反省点の指摘（他者からの評価）が一致するならば、それは実践へのまなざしが磨かれてきていることの証拠となる。また逆に両者の間にズレがあった場合は、そのズレがどのような視点の差異から生じているかを徹底的に吟味することで、実践を見る目が養われる。担当教諭からのアドバイスをすなおに聞き入れつつ、同時に、疑問に感じた点は積極的に質問をする姿勢も必要なのである。質問を通じて、担当教諭との対話の中で新たな発見に導かれることもあるだろう。そうした地道な作業を繰り返すことで、実践の意味や意義を的確に捉えるための確かな視点が獲得されるのである。

2. 再考からさらなる実践へ

　実践と反省の絶えざる往復作業を経て、今度は次の日の実践（次なる課題）のための「再考」という営みが必要となってくる。「再考」とは「振り返り」と「計画の再構成」の作業である。

再考は実践の「振り返り」から始まる。とりわけ実習生にとって体験の現場にいる最中は、次々と訪れる刺激に対応することで精いっぱいであり、体験を消化し、吸収することができない。実習中の体験が未消化のまま残ってしまっていては、その日に学んだ事柄を次の日の実践に十分に生かすことができない。「振り返り」は、実践中に感じ、考えたことを今一度思い返し、体験を自分のものとして取り入れる作業である。つまり、「振り返り」は収穫の時である。一呼吸置いて実践を振り返り、少し距離をとって吟味する。この「振り返り」を行うことで、実習中の反省点を明確にし、次の日の実践につなげていくことが可能となる。

　また、「振り返り」は「計画の再構成」に生かされるべきである。子どもとの関わりは、常に生成変容し続ける、いわば「なまもの」であり、それは一回限りの再現不可能なかけがえのない時間である。したがって、子どもとの関わりを通じて、事前に予定していた計画は変更を余儀なくされる場合も多々あるだろう。予定していた計画に子どもたちをはめ込むのではなく、子どもたちの現状に合わせて計画のほうを再考していくべきなのである。そして再考の際には、実践中の反省点が十分に加味されるべきである。自分で気づいたことや担当教師に指摘されたことを受け、次に行う実践が適切かどうかをあらためて考え直す必要があるのだ。

　こうした再考の過程を経て、実践を十分に消化したうえで、次の日の実践に臨んでほしい。保育実践を行い、その実践に反省を加え、実践を再考し、また次の日の実践に生かしていく。こうしたサイクルを経ることにより、確実に保育者として必要なスキルが磨かれていくことになるであろう。このサイクルを実習中に完遂することで、実習以前には決して持ちえなかった保育者としての視点が獲得されているはずである。

　以上、実習の際に必要となる「実践→反省→再考→実践」のサイクルについて見てきたが、このサイクルは、実習中のみならず、保育職に就いた後も、日々遂行していくべきものであり、保育者に絶えず求められる過程なのである。このサイクルを生きることで、感性やスキルが磨か

れ、経験豊かな保育者へと成長していくことができるのだ。

第3節　実習で使える遊びの実践例

　本節では、幼稚園教育の具体的な実践例として、大阪成蹊短期大学附属こみち幼稚園で実際に行われているいくつかの実践を紹介したい（同園の井上扶美先生からの提供資料に基づく）。いずれもすぐに実践できるものであるが、その日の保育の流れや次の活動への導入などを十分に考え「何をねらいに置くのか？」を常に意識して実践に臨んでほしい。

1．3匹のこぶたごっこ（鬼ごっこ）

　「3びきのこぶたごっこ（鬼ごっこ）」は、子どもたちに絵本「3びきのこぶた」を読み聞かせた後で行うと効果的である。この実践を行う際、保育者はあらかじめ「わらの家」「木の家」「レンガの家」に見立てられる園庭の固定遊具3つを決めておく（その際、固定遊具の間に他の障害物がないように留意する必要がある。そして他のクラスの子どもが入り込んでぶつかるなどの事故を防ぐようにする）。

　「3びきのこぶたごっこ」において、子どもたちはまず「わらの家」（1つ目の遊具）で待機する。物語の内容に沿って、保育者は遊具の外から「いい匂いがするぞ！　ぶたの匂いだ！　トントントン。開けてくれ！」とオオカミになりすまして話しかける。この際、保育者はできるだけ低い声で、けれども怖がる子どもに対する配慮もしつつ、セリフを投げかける。ブタ役の子どもたちのやり取りがなされたあと、タイミングを見て保育者は「こんなワラの家なんか吹き飛ばしてやる！」というセリフとともに、フゥーと息を吹きかける。子どもたちは2つ目の遊具（木の家）へと走って移動し、これを保育者が追いかける。次に2つ目の

遊具（木の家）でも同様のやり取りがなされ、子どもたちはさらに「レンガの家」へと逃げ、保育者がいま一度追いかける。こうした「3びきのこぶたごっこ」における一連の遊びは、ごっこ遊びと鬼ごっこ、両方の要素を併せ持つ実践となる。この実践において絵本の内容を忠実に再現しながら演じていると、子どもたちは内容やセリフを自然に覚えることができ、発表会等ですぐに取り上げることができる。また、初めオオカミ役は保育者が担うが、実践の中でオオカミ役をやりたいという子どもも出てくる。そうした場合には、保育者とともにオオカミ役を演じさせたり、あるいは保育者がブタ役に回るなどしてアレンジを加えてみてもよい。子どもがオオカミ役を演じる場合、本気になって捕まえようとしてトラブルになる場合もあるので注意が必要である。また入園当初にこの実践を行う場合には、遊具間の距離を比較的狭く設定し、移動距離を小さくしておく必要があるが、慣れてきたら遊具間の距離を広めに設定し、園庭を広く使って子どもたちの運動量を増やしていくことが望ましい。

2.「鬼ごっこ」の発展的実践

　これは、あらかじめ園庭に白線で〇△□などの図形を大きく描いておき、保育者がコールした図形に子どもたちが移動するという実践である。保育者が「四角！」とコールしたら、四角の描かれた場所に子どもたちが走って移動する。この実践は、子どもたちに図形を認識させるうえで効果的である。また、先の「3びきのこぶた」の実践からの応用として、図形をコールした後、保育者が「食べちゃうぞ！」などの声を発しながら子どもたちを追いかけてもよい。
　さらに園庭に図形を描く際、赤青黄など色のついたラインで図形を描くという方法も効果的である。この場合、保育者は「赤い丸！」、「青い四角！」などとコールし、子どもたちは該当する図形へと移動することとなる。「赤い…」の後に少し間を取ると、緊張感が出て、子どもたち

は集中して言葉を聞こうとする。ここでは図形に色をつけることにより、子どもたちに色の認識をさせることがねらいとなる。このように工夫を加えることで、「鬼ごっこ」は「形」や「色」の認識を促す実践にもなりうるのである。

3. カード遊び

　カードを用いた実践も有効である。ここでは「動物カード」を用いた遊びと「文字カード」による言葉づくりの遊びを紹介する。

　まずは「動物カード」によるカード遊びについて。これは神経衰弱の要領で行われる実践である。まずはさまざまな動物が描かれたカードを用意する。そしてマンション型のクラフトを作っておき、それぞれの部屋の窓が開けられるようにしておく。マンション型クラフトの裏にはカードを差すポケットをつけておき、カードの抜き差しができるようにする。

　クラフトに動物カードをセッティングして実践がスタートする。保育者はマンションの一つ一つの窓を開け、子どもたちにそれぞれの部屋にどんな動物が住んでいるかを見せる。ひととおり見せ終わったら、無造作にどれか一つの窓を指し、「ここは誰のおうち？」と問いかける。その質問に順次子どもたちが答えていくという実践である。つまり、神経衰弱をアレンジした実践となる。年少（年齢の低い子ども）には指で「ここは？」と聞くとよいが、年齢が上がるにつれて「右から○列目の○階のおうち」等、言葉で尋ねるとよい。ここでマンション型のクラフトが準備できない場合でも「動物カード」さえ用意できれば実践は可能である。例えば「動物カード」を3〜5枚用意し、子どもたちに1枚ずつカードを見せていく。そして最後に残ったカードが何かを子どもたちに当てさせるのである。

　次に「文字カード」（ここではワープロの「教科書体」等正しい文字を取り上げる）を用いた言葉づくりの遊びについて。まず保育者は「あ」〜

「ん」までの五十音と濁音、半濁音、拗音の書かれたカードを用意する。そしてあらかじめ子どもたちをいくつかのチームに分けておく。「文字カード」を床にばらまき、1人ずつカードを選び、言葉を作っていく。言葉ができたら、それをホワイトボードもしくは黒板に貼り、次の人に交替する。これを繰り返し、より多くの言葉を作ることができたチームが勝利となる。文字数の多い言葉を作ることができたら加点するというルールを導入してみてもよい。文字に対する関心や習得度は個人差があるため、この実践では一人ひとりの取り組みやがんばりを認める姿勢が大切になってくる。

4. ハンカチ遊び

　ハンカチ遊びは「折り紙」への導入となる。この実践において保育者は、リズムに乗って次のように子どもたちに呼びかける。
　「♪　ハンカチ　カチカチ　ふしぎだな　ハンカチ　カチカチ　ふしぎだな（ここで保育者はハンカチを左右に振る）ほーら　ほら　ほら　ほーら　ほら」という前振り（ここで子どもたちの様子をうかがいながら進める）の後で、ハンカチを「山」、「バナナ」、「ドア」などさまざまな形に変形させる。ここで保育者が「バナナ」や「ドア」などと言うのではなく、子どもたちにそれが何の形に見えるか当てさせてもよい。
　例えばハンカチを半分に折って「ドア」の形にする場合、保育者は「あれ？　こんなところに誰かの家があるよ。誰の家かな？」と呼びかけ、全員で「トントントン」とドアをノックする。保育者はさまざまな動物の鳴きまねをし、子どもたちにその動物の名前を当てさせる。そして保育者はドアを開けるしぐさをしながら「ブーブーブー　こんにちはブタさんの家でした！」などと答えるのである。
　あるいはハンカチを三角に折った場合、保育者は「アーン　パクッ！　うわっ！　うめぼし！」といった言葉を発し、子どもたちに「おにぎり！」と当てさせたり、「階段上ってお尻でシュー！」などと呼びかけ、

「滑り台！」と当てさせる。このほか「サンドイッチ」、頭の上に乗せて「幽霊」、胸の上に当てて「赤ちゃん」などにしてもよい。

　また、この実践ではハンカチだけでなく、タオルを使ってもよい。ハンカチやタオルをかばんの中にクシャクシャにしてほうり込むのではなく、保育者がこの実践を行い、子どもたちの興味をひくことで「たたむ」という行為を自然な流れの中で徐々に子どもたちに教えていくことができる。また、子どものハンカチを借りてこの実践を行うと、その持ち主に大きな満足が与えられる。

5．鳴き声遊び

　この遊びは、リズミカルに進めていくことがポイントである。まず保育者が「なーいた　ないた」と呼びかけ、子どもたちが「なーにが　ないた」と応答する。保育者はすかさず「○○がないた」（○○には任意の動物の名前を入れる）と呼びかける。そしてこれに呼応して、子どもたちがその動物の鳴き声を発するという実践である。例としては、「犬が鳴いた」、「猫が鳴いた」などが挙げられ、子どもたちはそれぞれ、「ワン　ワン　ワン」、「ニャー　ニャー　ニャー」と答えることとなる。また、「○○先生がないた」と近くにいる先生に泣きまねをしてもらうと、子どもたちはその先生に親しみを持ってくれる（「先生も泣くことがあるのだ！」と驚く子どもも多い）。あるいは「セミ」、「コオロギ」、「スズムシ」などの季節の虫の名前を挙げてみてもよい。年長ならば、いろいろな種類のセミがいて、鳴き方も多様であることを図鑑で調べる子どももいるであろう。この実践では、保育者があらかじめ答えを示すのではなく、子どもたちの声を取り上げていくことが重要となる。

【引用・参考文献】
　西平直『教育人間学のために』東京大学出版会、2005年

第14章

実習後の振り返り

吉田美恵子

第1節　実習直後の振り返り

1. 振り返りの意義

　幼稚園教育実習Ⅰ・Ⅱは、それぞれ2週間（10日間以上かつ80時間以上）行われる（養成校によっては1週間と3週間あるいは4週間続けてという場合もある）。幼稚園教育実習ⅠとⅡを同一園で実施した場合は、子どもたちの成長の様子を如実に見ることができたり、幼稚園教育実習Ⅰでの反省を基に、改善する点を明確にして子どもたちと関わることができたのではないだろうか。一方、実施した園が違った場合は、実習Ⅰで学習したことを基に、園による保育形態や内容の違い、特色に触れることもできたと思われる。いずれの場合も、この貴重な実習を記録した「実習日誌」は今後、保育者として保育をデザインしていくうえでの大切な資料となり、指導・助言を受けた先生方の言葉は、今後も成長し続ける保育者の良き手引書となるものである。

　実習目標を達成するために、どのようなことを心がけて実践を行い、どのような結果が得られたのか。また、養成校で学ぶ教科全体の知識や技能を基礎として、総合的に実践現場で応用することができたかなどを個人で振り返ったり、仲間やグループで討議していく中で、解決の糸口が見いだせたり、さまざまな課題も見つかるはずである。その課題を次の学びにつなげていくことが大切である。

　2010年度入学生から、幼稚園教諭免許取得を目指す学生には「教職実践演習」という科目が導入された。全ての実習が終了した段階（短期大学では2年後期・大学では4年後期）で開講され、保育者として最小限必要な資質・能力を確実に身につけていくことを目的としている。

　ここでは実習後の振り返りを丁寧に行い、自分自身が目指す保育者像

を明確にしていくこととする。

2. 実習日誌（指導案）を読み返し整理する

(1) 実習日誌の内容の修正・加筆

①誤字・脱字は必ず修正しておく

指導を受けた点は実習中すぐ修正すべきであるが、そのままにしている学生も多く見られる。必ず修正しておくことが大切である。実習日誌は、園の担当指導者に点検・指導を受けるが、指導者が読みやすい文字で、文脈が適当であったかなどを客観的に読み返してみる。

②必要事項や空欄は記入・加筆する

空欄があれば必ず記入をしておく。園の教育（保育）目標、教育課程からの保育の流れを理解し、実習中の保育のねらいや目標が記入されているか、また実習生自身のねらいが適切に記入できていたかなども確かめて加筆・修正をする。

(2) 指導者からの助言や所見の読み直し・振り返り

①指導者の所見欄や、指導・助言の内容をまとめて分類する

実習直後、1カ月後、半年後、1年後…と経過するごとに実習日誌に対する思いも違ってくる。初心を振り返る大切な記録であるとともに、今後の学習の課題を探るうえで基になる資料となるので、指導内容を理解し整理・分類しておく。

②保育の視点の偏りや欠けていた点に気づく

指導・助言や所見をまとめ、分類していくことで、保育の視点の偏りが見えたり欠けていた点が分かり、改善の方向性が見つかる。

③実習巡回訪問を受けた教員からの指導を書き留める

実習中は、指導に十分時間が取れないこともあるので、帰校後確認をして書き留めたり加筆したりしておく。

3. 責任実習や参加実習での指導計画とのズレを検証する

(1) 指導案の見直し・修正

①誤字・脱字、文章表現の訂正や修正をする

実践した指導案も、日誌と同様に速やかに訂正や修正をする。

②実践内容に沿った訂正や修正を行い、時間の記入や修正をする

実習前に指導案を作成準備して、担当指導者から修正や指導を受け実践することも多いが、実践してみると計画どおりにはいかないものである。記憶が新しいうちに、活動内容の修正や活動に要した時間の記入をしておくと、保育の流れを確認でき、改善点が分かりやすい。

(2) 保育のズレの検証

①保育の形態や保育の流れを考える

子どもの活動を予測し立案した計画ではあるが、保育の形態や流れが十分に把握できていない状況で作成していることが多い。月案から週の流れ、担当日までの子どもの姿が理解・把握できていたのかを振り返ることが必要である。実習生が修得した保育技術を実践しようとするとき、対象者の子どもがいることが、養成校の学びの場と違うことは言うまでもない。実習生による一方的な保育の流れではなく、子どもの声や表現を実践の中にどのように生かせたか、また、設定したねらいによって子どもの何を育てようとしていたのかを考察していくことが大切である。

②子どもの実態と計画とのズレを検証する

子どもの実態が十分に観察できていたか、計画が子どもの発達や興味関心に合っていたかなど、指導案作成時に行ったチェックリストを実践後にもう一度行ってみると、ズレが生じた場合の原因を考える目安となる。実習前に養成校で修得したはずの保育の基礎的事項が簡単には実践できないことを知ることにもなり、子どもを見る目の大切さが分かってくる。保育のズレは、検証後どのように改善できるのか、効果的な保育

内容を再考してみるところまで行うようにする必要がある。

第2節　実習内容のまとめ

1．日誌・指導案を提出する

①保育の視点や保育者の役割を確認する

　日誌や指導案を整理していくうちに、実習を通して、養成校での学びを基に実践現場での子どもとの関わりを学んだことが分かり、保育者の役割や責任が明確になってきたはずである。保育に対する視点や自分に欠けていることを見つけ出し、課題を抽出してまとめておく。

②日誌・指導案を提出し点検・指導を受ける

　日誌は最終日の記録までそろえて、指導案とともに再度修正・訂正を確認して、養成校の実習担当教員に必ず提出し、点検・指導を受ける。この日誌と指導案は、実習後の振り返りのための授業の資料となる。また、後輩の実習のための事前資料として取り扱われる場合もある。

2．実習報告書を提出する

　整理した内容を基に実習報告書を作成し、期限を守り提出する。**図表1**に示すのは実習報告書の様式例であり、項目のみを挙げている。各項目には5段階程度の選択肢がある。記述の項目は、できるだけ具体的な場面を思い出して記入する。この報告書はまとめられ、実習の理解や確認、および後輩の実習事前資料として活用される。

3．お礼状について

　実習を受けてくれた実習園の園長先生や先生方には、日常の保育に加

図表1　幼稚園教育実習事後報告書の例

幼稚園教育実習における事後報告書	学籍番号	学生氏名
教育実習先　　　　　　幼稚園	園長名	

実習期間　　　月　　日　　～　　　月　　日　　　　　日間

1. 実習の目的・課題
(1) 幼稚園の保育内容についての理解

(2) 幼稚園教諭の仕事内容の理解

2. 事前実習・準備について
(1) 事前準備の内容について

(2) 準備不足や、もっと準備をしておけばよかったと思う内容について

3. 教育実習記録について
(1) 日誌について、園（担当指導者）からの指導内容

(2) 1日分の日誌記入に要した時間について
　　　平均　　　時間　　　分程度　　　記入場所（　　　　　　　　　　　）

4. 担当した保育について
(1) 保育計画を立案して行った担当保育の実施回数
　　　実施しなかった場合はその理由について（　　　　　　　　　　　）
(2) 担当指導者から受けた指導・助言について

(3) 実際に保育を担当しての反省・課題について

5. 実習中の特別な状況
(1) 安全面でのヒヤリ・ハットや報告事項の記入

(2) 自身の体調面や遅刻・早退について
　　　遅刻・早退　（　　　回）理由（　　　　　　　　　　　　　　）
　　　体調について（　　　　　　　　　　　　　　　　　　　　　　）

その他、未報告の内容があれば記入する

6. 実習を終えての感想（実習を終えた現時点で、今の気持ちに最も近いものを選択）
　　ア　ますます保育者になりたいと思った
　　イ　実習前はそうでもなかったが、保育者もいいなと思った
　　ウ　実習前は保育者になりたいと強く思っていたが、実習後自分は向いていないと思った
　　エ　最初から保育者になる気はないが、この実習はよい経験となった
　　オ　今回の実習で、資格・免許取得の義務を果たしたという気がする
　　カ　その他（　　　　　　　　　　　　　　　　　　　　）

7. 自己採点：今回の幼稚園教育実習を5段階評価する　　　　5・4・3・2・1

出典：2011年長崎短期大学の様式モデル（A3版）を基に作成

えて実習生に対する保育の説明や子どもとの関係構築への援助など、さまざまな学びの機会を与えてもらったはずである。実習終了後、速やかに謝意を述べることは、実習の締めくくりとして当然のことであり、基本的なマナーと言える。このとき形式的に述べるだけにならないように、まとめた実習内容を基に指導・助言を受けたことや、子どもとの関わりで学んだ具体的事項を加えて、学生らしい誠意が伝わるようにすることが大切である（**図表2**）。

(1) 実習園へのお礼状の書き方

①誤字・脱字に注意して「です・ます」調で丁寧に書く。
②園長先生宛て、先生方の連名で書く。特に住所や名前は誤りがない

図表2　お礼状の例

```
拝啓
　秋も深まり、キャンパスの木々も色づき始めました。園長先生はじめ先生方、お元気でお過ごしのことと存じます。
　先日の実習では、丁寧なご指導をいただき、たいへんお世話になりました。二度目の実習では、子どもたちの成長をいろいろな場面で感じることが多く、先生方の言葉かけや、援助の仕方など、たいへん勉強になりました。また、運動会や野菜の収穫などにも参加させていただき、子どもたちの生き生きした姿に触れることができました。
────（中略）────
　先生方からのご指導や励ましを忘れず、残りの学生生活を充実させ、保育者になるための学びを続けていきたいと思います。
　○○幼稚園の皆様のご健康とご発展をお祈りいたします。
　　　　　　　　　　　　　　　　　　敬具
平成○○年○○

　　　　　○○短期大学　保育学科　○○○○
○○幼稚園園長　○○先生
　　　　　　　　○○先生
```

(筆者作成)

よう確認して書く。
　③白の無地の便箋で2枚程度書き、白の封筒を使用する。
　④差出人である学生の住所は、養成校の住所とする。
　⑤やむを得ず遅くなったとしても必ず出すこと。
　⑥子どもたちへ出す場合は、担任宛てに別便で出すようにする。

(2) 事後訪問

　実習日誌等を受け取りに行く場合や、ボランティアや行事の手伝い等の際には必ず事前に連絡を取り、お礼を述べて、実習時と同じ気持ちで臨むこと。また就職につながる場合もあるので、謙虚な姿勢で積極的に行動できるよう心がけておく。

第3節　実習の評価

1．保育のマネジメントサイクル

　目標や自己課題を持って実習が開始され、体験を通してさまざまなことを学んだはずである。実習後は報告書を提出し、自身を振り返り自己評価を行う。

　中には実習後、自信をなくしてしまう場合があるかもしれないが、それだけ課題が明確になったとも言える。改善の方法や手立てを工夫したり考察することで、残りの学生生活で修得すべきことが明らかになるだろう。

　また、この評価を生かし改善するためには、他者の体験にも耳を傾け、協議をしていく必要がある。このことにより、多様な保育形態や保育者の指導法・援助の仕方なども知ることができる。計画・実践・評価・改

図表3　PDCAサイクル

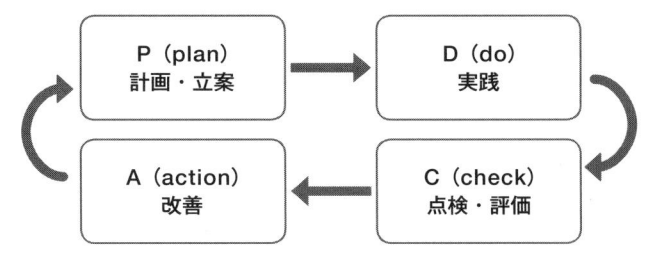

```
P (plan)      →    D (do)
計画・立案          実践
  ↑                  ↓
A (action)    ←    C (check)
改善               点検・評価
```

出典：[金子、2011] を基に作成

善の循環性をもってステップアップを図っていくことで、保育者としての資質が高まっていくのである（**図表3**）。

2. 実習に対する自己評価

　形式は多様にあるが、養成校から実習園に**図表4**のような内容の評価表が渡されている。この評価表では、保育者としての資質や能力を評価されるだけでなく、基本的なマナーや姿勢など、各項目が5段階評価される。そこで、実習直後に自己評価し、後日の実習園からの評価と比較して教員からの指導を受け、各自の課題を解決していく目安とするとよい。

3. 実習評価

　実習園からの評価は各園の基準が一定とは言えず、養成校においては

図表4　評価表例

（1）実習の態度について	（2）保育の能力
①実習幼稚園の方針や理念の尊重 ②実習の目的や課題の自覚 ③仕事への責任感 ④協調・協力姿勢 ⑤挨拶・言葉遣い ⑥服装・身なり	①子どもの実態把握・理解 ②保育の計画・立案 ③子どもへの関わり ④助言の受け入れとその活用 ⑤子どもの健康・安全への配慮 ⑥実習日誌等の記録

出典：[保育者養成研究会、2009] を基に作成

その評価のみで実習を評価することはできない。養成校では実習に関わる全ての内容から総合的に評価をしていく場合が多く、日誌や指導案、報告書などはもちろん、自分自身にもきちんと向き合っていくことが大切である。

第4節　体験の共有化と目指す保育者像

1．実習体験のグループ協議

　実習終了後、帰校した学生は、実習での体験を仲間と話し合っている姿がよく見られる（このときに注意しなければならないのは守秘義務である）。授業では、実習での実践体験を基に5～6人の小グループ編成でキーワードを設定し、十分な時間を使って協議していく。このとき、司会・発表者・記録者を決め、記録シートに記入するようにしておく。

　同じような体験や、自分だけでは解決できなかった問題も、それらを他者と共有することで、解決の糸口を見つけることができる。グループ協議では体験の羅列にならないように、協議内容を深めていける場にすることが肝要である。また、記録者は発表者が伝えやすいように内容をまとめておくようにする。

2．実習の報告発表会

　小グループで協議した内容は、全体で発表会を行う。発表者は聞き手に伝わるように、項目を整理して発表する。質疑応答によりさらに発展させ、教員によるコメントや講評が加わることで、会がより有意義なものとなる。報告発表会を行った後、この取り組みに対するレポートを作成しておくと、今後の学び（教職実践演習等）の土台となる。

3. 目指す保育者像の明確化

①実習の実践で得た学びと、実習前の履修内容のつながりを考える

　実習内容と教育課程全体の知識や技能、履修内容のつながりを探し、幼稚園教育要領と照らし合わせてみることも大切である。実習前には気づかなかった領域との関連性が、実践をしたことで結びついてくる。

②今後の学びへの自己課題を明確にする

　保育職は、人が人を育てるというたいへん重い責任を担っている。子どもたちの人格が形成される大切な時期に出会うのである。学生自身、あなた自身がどのような人間であるのか、学生生活において社会人として、自分の行動はどうなのかも振り返る必要がある。

　このように、実習において子どもたちと出会ったことにより、人としての自分を振り返るきっかけにもなったことと思う。実習後の振り返りを通して、保育者として自分に何が欠けているのか、残りの学生生活で

図表5　実習前後の学び

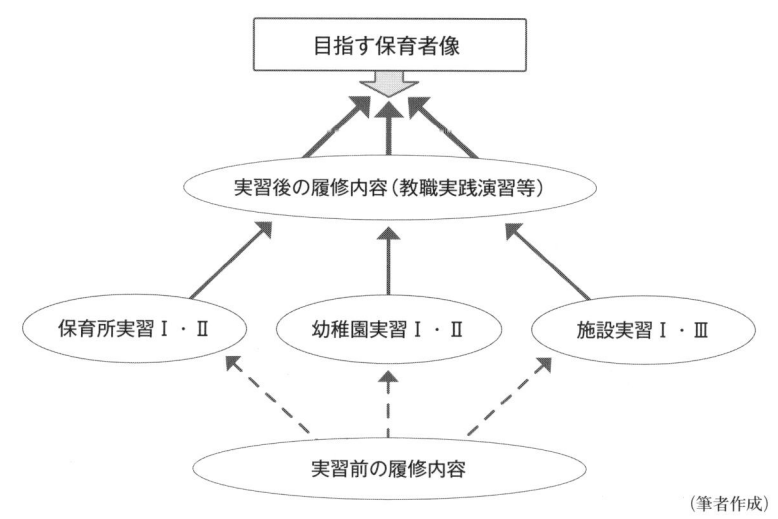

```
              ┌─────────────┐
              │ 目指す保育者像 │
              └─────────────┘
                     ↑
         ┌───────────────────────────┐
         │ 実習後の履修内容（教職実践演習等）│
         └───────────────────────────┘
            ↑           ↑           ↑
      ┌──────────┐ ┌──────────┐ ┌──────────┐
      │保育所実習Ⅰ・Ⅱ│ │幼稚園実習Ⅰ・Ⅱ│ │施設実習Ⅰ・Ⅲ│
      └──────────┘ └──────────┘ └──────────┘
            ↑           ↑           ↑
              ┌───────────────────┐
              │  実習前の履修内容   │
              └───────────────────┘
```

（筆者作成）

修得できるものは何かを明確にして、自分が目指す保育者像に向かって、実習後の学びへの意欲を高めてほしい（**図表5**）。実践を通して学んだことや疑問点を、さらに理論的な学びの中で確かなものにしていき、生き生きとした幼稚園教諭・保育者として活躍することを願っている。

【引用・参考文献】

石橋裕子・林幸範編著『幼稚園・保育所・児童福祉施設 実習ガイド』同文書院、2011年

金子美千子編著『新保育課程・教育課程論』同文書院、2011年

民秋言・米谷光弘・上月素子・安藤和彦編著『幼稚園実習』（新保育ライブラリ）北大路書房、2009年

保育者養成研究会編『幼稚園教育実習記録——書き方をマスターするために』保育出版社、2009年

文部科学省『幼児理解と評価』ぎょうせい、2010年

谷田貝公昭・上野通子編『これだけは身につけたい保育者の常識67』一藝社、2007年

第15章

認定子ども園での実習

五十嵐敦子

第1節　認定こども園成立のプロセス

1. 幼保一体化の必要性

　1980年代に入って、就学前教育の先進国と言われる北欧諸国、特にスウェーデンにおいて就学前教育政策の統合化が進み、またイギリスにおいても同じく統合化が進んだ。しかしながら、わが国において幼稚園と保育所の統合化が初めて提起されたのは、20年近く遅れて1997年の橋本内閣下の小杉隆文部大臣の時であった。日本においては幼稚園と保育所の一元化（一体化）と表現されるが、これは次のことを意味する。

①教育と養護（ケア）を区別することなく統合的なサービスを提供すること。つまり、保育に欠ける子どもと保育に欠けない子どもとを区別せずに同じ保育を提供すること。

②就学前の子どもを持つ家庭に対して、包括的な子育て支援を提供すること。

③子育て世代が住む地域社会全体を、お互いに仲間の輪を広げ交流することにより活性化していくこと。

2. 認定こども園の誕生

　第二次世界大戦後、わが国の就学前教育は、幼稚園と保育所に分かれてそれぞれの所轄官庁の下で教育・保育が行われてきた。しかしながら、就学前教育は本来、0歳児から小学校入学前の5歳児までの6年間というスパンで子どもの育ちを援助する必要があり、保育者にとっても、子どもの育ちや成長を長い期間で見ていくことが重要である。また、保育される子どもたちが「保育に欠ける」「保育に欠けない」という理由で区別されて線引きされることなく、全ての子どもに等しく平等な保育サー

ビスが提供されることが望ましいことは明らかである。少子化と女性の社会進出の拡大という社会の大きな変化を背景に、政府は幼保一体化施設を推進すべく保育制度改革に積極的に乗り出した。その結果、2005年4月からは全国規模で総合施設のモデル園として選ばれた35施設が、モデル事業をスタートさせた。続いて、国会に上程された就学前教育保育法案が2006年6月に成立し、幼保総合施設を進化させた「認定こども園」が同年10月よりスタートすることとなった。

認定こども園には、地域の実情に応じた選択が可能になるように、①幼保連携型、②幼稚園型、③保育所型、④地方裁量型の4つの類型が認められている。認定こども園は、4類型全てを含めて全国の認定件数は911件（2012年4月1日現在）となっている。類型別による施設数は、**図表1**のとおりである。都道府県別に見ると、認定こども園がないのは京都府、1園のみの登録は香川県と沖縄県で、最多は74園の東京都である。このように地域差が生じている。

また、NPO法人全国認定こども園協会が2008年8月に設立されている。この協会は、認定こども園における教育・保育の質の向上や子育て支援の充実、職員の資質向上、経営の健全化を図ることを目的としており、

図表1　認定子ども園認定件数

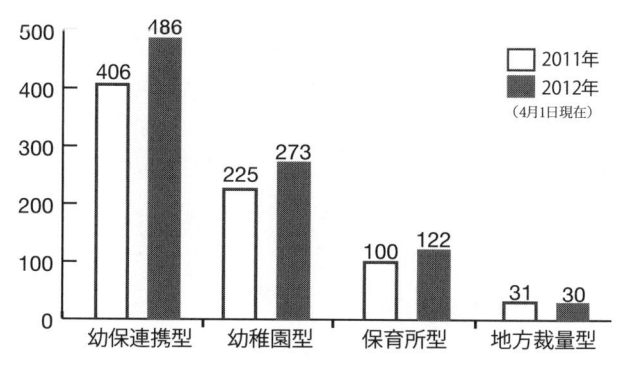

類型	2011年	2012年（4月1日現在）
幼保連携型	406	486
幼稚園型	225	273
保育所型	100	122
地方裁量型	31	30

出典：文科省・厚労省幼保連携推進室「認定こども園」ホームページ
（http://www.youho.go.jp/press120425.html）を基に作成

各地区ごとに地域活性化研修会やトップセミナーなどが開催されている。

第2節　認定こども園の実践例

1．認定こども園（幼保連携型）「こどものもり」の実践例

(1) 沿革

　2007年11月に、埼玉県幼保連携型第1号として誕生した「こどものもり」（埼玉県北葛飾郡松伏町）は、1974年に学校法人立まつぶし幼稚園として開園した。実際のスタートは、認可の3年前の無認可保育園時代からである。開園当初から、理事長兼園長である若森正城の教育理念の下、子どもの主体性と生きる力の基礎を育てるために、異年齢保育、コーナー保育、調理室での完全給食、8時間という長時間保育を独自に取り入れ、実践してきた。その後、園舎の老朽化に伴う新園舎建築計画が持ち上がり、保育内容の幼保一体化のみならず、ハード面における幼保一体化を実現することになった。

　2001年、当時としては珍しい幼保一体化施設（まつぶし幼稚園とこどもの森保育園）は、子どものためのパラダイスとも形容される環境となった。環境建築を専門とする設計士入之内瑛の手によって、ランチルームを中央部に配置し幼稚園棟と保育園棟をつなぐ園舎が完成した。筆者も新園舎完成直後に見学させてもらったが、木の温もりを感じさせる環境とランチルームのファンタジックな雰囲気のすばらしさに感嘆した記憶が残っている。この園舎は、こども環境デザイン賞、木の建築大賞、彩の国さいたま景観賞奨励賞を受賞している。

(2) 保育の特色

　幼保一体化施設「こどものもり」は、0歳から就学前の異年齢の子どもたちが、家族のように自然に交わり生活することで育ち合う場、すなわち一軒の家（二世帯住宅）であるという若森園長の思いがこめられている。保育の特色は、温もりのある家庭の延長としての生活の流れを確保することを最重点に置き、家庭における兄弟姉妹のように育つ異年齢保育システム、個性や意欲が育つコーナー保育、ランチルームでのブッフェスタイル方式を取り入れ、幼稚園児と保育園児が食事をしながら交流できるよう十分に配慮されている。

　一日の生活の流れの中には、幼稚園児（午後2時に降園の短時間保育）も保育園児（午後4時半に降園の長時間保育）も、3・4・5歳児は、共通に過ごす時間がある。それは、8時半から10時過ぎまでは、異年齢混合でコーナー活動に参加する。11時過ぎからランチタイムの時間までは、コース（地域別）・グループ・年齢別、あるいは全体で活動するというように、活動内容によって流動的になる（**図表2**）。筆者が見学した日は、年長児はランチルームで卒園式の総練習に参加し、並び方の練習をしていた。他の子どもたちは、2歳児もいっしょに加わり、ボランティアグループ「ノッコの仲間たち」6人による紙芝居や手品などの発表を楽しんでいた。紙芝居を楽しんだ後は、年中児は3月13日のお別れ会に向けて、年長組の友達の顔の絵を描く表現活動をしていた。幼稚園降園後の預かり保育も、保育園降園後の時間外保育も夕方19時まで実施する。

　同園では、「環境による教育・保育」を実現するために、保育者の質を高めることに努めている。第1に、年度初めに「自己分析シート」に、現在の自分から1年後の自分の姿を考えて未来像を書く。さらに「マイふりかえりノート」を書いて、それをスタッフ間で公表し合う。第2に、園内研修を全スタッフ対象に講師を招いて年に数回は行う。第3に、全スタッフ合同の日々のミーティング行う。この会議が「共に子どもの育ちを支えるための共通理解の場として」一番重要なことであると若森園

長は言う。毎朝8時15分からの15分間の一日の流れを確認し合うミーティング、毎夕4時半から5時15分まで行う毎日の振り返りミーティングがある。必要に応じて、行事、指導計画についての共通理解のために、その後の時間帯で会議を開くこともあるという。

　特別事業として、子育て支援事業、保育所体験特別事業、老人ホーム利用者との交流などを行う世代間交流事業、町内のお年寄りとの交流を行う「ふれあいいきいきサロン」事業などがあり、これらを通して、地域との交流を深めている。

図表2　「こどものもり」の一日の生活

まつぶし幼稚園	こどもの森保育園	
3・4・5歳児	3・4・5歳児	0・1・2歳児
7:30～9:00 預かり保育	7:30～8:30 時間外保育	
8:40　登園	8:30　登園	
コーナー活動～絵のコーナー、ごっこコーナー、造形のコーナー、表現のコーナー、クッキングコーナーなどに分かれての活動		9:30　おやつタイム 10:45　先生といっしょ お散歩や絵本タイム
11:00 集まり～絵本や紙芝居の読み聞かせ、散歩、ダンスを楽しむ。コース・グループ・年齢・全体で…と活動に合わせて先生といっしょに。		11:00 ランチタイム それぞれの部屋でゆっくりお食事。
11:30 ランチタイム　幼・保ミックスの3つのグループが順番にお食事。		
12:15 午後の休息・活動	12:30 リラクゼーション パジャマに着替えてお休み…	12:00 リラクゼーション
14:00 降園 また明日、遊ぼうね。	15:00 おやつ・午後の活動	15:00 おやつタイム・午後の活動
～19:00 預かり保育	16:30　降園 ～19:00　時間外保育	

出典：認定こども園こどものもりホームページ
（http://www.kodomonomori.ed.jp/life_1.shtml）を基に作成

(3) 実習生の動き

　ここで、実習期間中に実習生としてどのように行動するのがよいかについて述べる。

　当然のことであるが、実習生も幼稚園での子どもたちの一日の流れ（日課表、ディリープログラム）に沿って動くことになる。実習前のオリエンテーションで出勤および退勤時間を園に確認する。朝は10分前には出勤して、玄関前や園舎の周辺の清掃をする。実習生も朝礼に参加し、一日の流れや連絡事項について確認する。

　子どもたちが登園する時間には、明るく元気な挨拶で子どもたちを玄関で、あるいはバスの到着時間にはバスの駐車場で出迎える。子どもたちと挨拶を交わしながら、健康状態を観察する。朝の会（朝の集まり）までは、自由遊び（コーナー活動）を楽しんでいる子どもたちと実習生もいっしょに関わり遊ぶ。遊びながら、担当のクラスの子どもたちの名前をできる限り早く覚える。さらに子どもたちの特徴や個性なども把握すると同時に、子どもたちの活動を援助する。

　朝の会では、絵本や紙芝居の読み聞かせ、手遊びなど設定保育活動を始める前の時間を利用して部分実習をさせてもらう。実習生自ら、部分実習を積極的にお願いする。

　ランチタイム（昼食）は、子どもたちの昼食の準備を見守りながら、必要に応じて援助する。食事中および昼食後の歯磨きの援助も一人ひとりの発達段階に応じて援助する。

　午後の活動においても、保育者の活動や援助方法を観察しながら、実習生自ら援助できることは積極的に行動する。ただし、援助すべきかどうか判断ができないときは、保育者に率直に質問するなどして助言を求めるようにする。理解できないことや疑問に思ったことは、そのままにせずにメモを取るなどして、その場ではなく、保育終了後に積極的に質問する。

　降園の準備も、保育者の手伝いや子どもへの援助を積極的に見つけ、

行動する。降園時の保護者への受け渡しのときの会話も、保護者とどうコミュニケーションを取るかを学ぶ良い機会となるので、余裕があれば、じっくりと観察するとよい。保育時間が終了しても、保育室内の掃除、環境整備や明日の準備など、手伝えることがあれば積極的にお願いする。実習生は実習ノートを書くことが重要な仕事となるので、ポイントを絞って工夫し、ノートに記入する。退勤の時間には、全ての教職員に「お先に失礼いたします。明日もまた宜しくお願いします」と言葉を添えながら挨拶をして退勤する。

2. 認定こども園（幼保連携型）あかみ幼稚園の実践例

(1) 沿革

　認定こども園あかみ幼稚園（栃木県佐野市）は、現学園長が1959年に幼稚園を設立したが、1989年、現中山昌樹園長が引き継いだときに一斉保育から遊び保育へと切り替えた。さらなる改革として、1995年から製作コーナーを中心とした遊び保育へと大きく転換した。また、1994年からは、幼稚園内においてメイプルキッズと命名して2歳児保育を始めた。2005年に子育て支援のNPO団体「re.（リードット）」を設立した。2007年に幼稚園型認定こども園になる。さらに進化を遂げ、2010年メイプルキッズが認可保育園となり、幼保連携型認定こども園になった。

(2) 保育の特色

　中山現園長に交替したとき、園長の理想とする保育理念を実現するために、あかみ幼稚園は、一斉活動中心保育から自由な遊び保育へと大きく転換する時期を迎えていた。その遊び保育の実践を実現するために、園内研修講師として要請され、20年間にわたって保育実践の改善に園長と共に取り組み、良きアドバイザーであったのが、園長の大学時代の恩師で、環境保育の研究者でもあった小川博久である。

　あかみ幼稚園における保育の特色は、第1に、環境による教育、つま

り遊び保育である。物理的環境を豊かにすることによって、幼児は人間形成力を育む。また、環境とは室内環境や園庭環境などの物理的環境のみではなく、保育者や遊び仲間である友達などの人的環境も含まれる。遊び保育は、人と人との関わりを豊かにすること、一人ひとりが集団の中で生かされるという集団の力を大切にするのである。製作コーナーであるコーナー保育は、人と人との出会いを提供する。コーナー保育の良さは、皆で集まっていっしょに遊ぶことで盛り上がり、集団の中で一人ひとりが生かされるということである。

　第2に、認定こども園の「子育て支援」機能に関わる施設環境を整備したことである。それは、保護者が子どもといっしょに生活を楽しみ、子育てに自信を持つように支援することが目的である。中山園長は、子育て支援のための施設として次のような施設を建設した。未就園児とその親を対象とした「マザーグースの会」が開催される東山講堂、その隣にはフリーカフェがあり、その運営は卒園児の母親を含む保護者たちのNPO団体「re.（リードット）」に任されている。「リードット」主催の活動として、子ども造形教室やヨガ、カラーセラピー、ちくちくの日（編み物）教室、イベントが開催される。それらの活動の案内などは情報誌を通じて、特定の園に在籍する子どもやその家族以外にも提供されることになる。また、環境教育を主に支援するNPO法人「めだかの学校」との共同作業の結果、園庭内にあるビオトープの建設やメンテナンス、さらにワークショップ開催が可能となった。その他、園内にある窯を利用する陶芸クラブ「泥工房（でくのぼう）」は地域の焼き物サークルで、園児の家族と地域の焼き物好きのメンバーで構成されている。園内にある施設を地域に開放することで、地域の人々を巻き込みながら地域の活性化へとつながっている。メイプルパークと呼ばれる地域開放の公園は、よちよち歩きの小さい子どもが安心して遊べるように、デンマーク製の遊具が設置されている。認定こども園の大きな目的である「子育て支援」機能は、地域との連携・協働を前提に成立するわけで、常に「街づ

くりの観点」や「地域コミュニティの再生」を意識することになる。

第3節　認定こども園での実習

1. 実習前のオリエンテーション

　実習前には、必ず実習園を訪問して実習についての打ち合わせをするオリエンテーションがあるが、このときに園側から認定こども園について、特に幼稚園との違いについて説明があるので、実習生は理解する必要がある。幼稚園の沿革、認定こども園に認可されるまでの経緯、教育（保育）内容の特色、教職員組織、園内・園外環境について、ふだんの園児たちの様子や毎日歌っている歌や実習中の行事などについて、指導教諭（実習担当教諭）から説明があるが、自分から積極的に質問するなどして、その内容をしっかりと把握することが肝要である。

　実習生は、自分で実習のための準備を進めておく。実習中の目標を立てること、担当するクラスの子どもたちの発達特徴についての基本的知識を学び、クラスに合った教材を準備する。また、名札やエプロンシアター作り、絵本の読み聞かせ、手遊びの練習をしておく。

2. 実習生としての心得

　幼稚園での実習と認定こども園での実習において、実習生としての心得（心構え）には全く違いはない。以下に述べる項目は、「こどものもり」で実習生の心得について配布されるプリントの内容を簡潔にまとめたものである。それぞれの項目について説明する。

　基本的な姿勢として、実習生であっても保育者であるという自覚を常に持つ。「保育者の存在はどの子にとっても温かさと安心感そして意欲

と勇気を感じさせる役割を担う」ので、そのためには、いつも保育者が笑顔を絶やさず、生活を楽しみいきいきとしていることが一番大事なことである。自分自身が子どもにとって魅力的な存在になるよう努力することが期待されている。

①好感の持てる態度、言葉遣い、服装で保育（教育）に臨む。
　・笑顔のある人柄を身につけること。
　・子どもがやる気になる言葉かけや丁寧な言葉を使う。
②身だしなみに気を使う。
　・清潔な服装（ジーンズやジャージは禁止、エプロンは必要なとき以外使用しない）。
　・清潔な爪、髪の毛は整える、季節に合った履き物、背筋を伸ばしたスマートな歩き方。
③身の回りの整理整頓をする。子どもの作品の飾り方を工夫したり、植木や花を飾ったりして、保育室をセンスの良い雰囲気にするよう心がける。
④質問があるときや判断に困るときは、すぐに主任や指導教諭に聞く。
⑤自分の健康管理に十分に気をつける。
⑥遅刻、早退、欠席などはできる限り早く園に連絡する。

3．実習中の諸注意

以下の項目は、「楽しく実りある実習を（こどものもり配布プリント）」から抜粋し、筆者がまとめたものである。

①園の教育方針、保育（教育）についての考え方を十分に理解し、それに沿った実習をするように心がける。
②子どもの名前は早く覚える、
③特定の子どもだけではなく、全ての子どもと関わるという意識を持つ。
④実習日誌は、具体的かつ簡潔にまとめる。気づきや自己目標への評

価など翌日の実習へとつながるような書き方をする。
⑤子どもと遊ぶ（関わる）だけではなく、子どもの遊び、保育者の動きや言葉かけの意味について観察し、考察する。
⑥守秘義務をしっかりと守る。

　実習中は、部分実習において自分の得意なものを取り入れるように指導しているという（「こどものもり」若森清美副園長談）。自分の好きな絵本を用意し、手遊びもできるだけ用意することが、事前の準備として必要となる。

【引用・参考文献】
　五十嵐敦子「幼保一元化への動きをめぐる問題」『白鴎大学教育学部論集』1(1)、2007年、pp.87-100
　大阪保育研究所編『「幼保一元化」と認定こども園』かもがわ出版、2006年
　全国保育団体連絡会・保育研究所編『保育白書2009』ひとなる書房、2009年
　中山昌樹・小川博久『遊び保育の実践』ななみ書房、2011年
　山田敏『北欧福祉諸国の就学前保育』明治図書、2007年

【監修者紹介】

林 邦雄（はやし・くにお）
　元静岡大学教育学部教授、元目白大学人文学部教授
　[**主な著書**]『図解子ども事典』（監修、一藝社、2004年）、『障がい児の育つこころ・育てるこころ』（一藝社、2006年）ほか多数

谷田貝 公昭（やたがい・まさあき）
　目白大学人間学部教授・同大学院生涯福祉研究科教授
　[**主な著書**]『新・保育内容シリーズ［全6巻］』（監修、一藝社、2010年）、『子ども学講座［全5巻］』（監修、一藝社、2010年）ほか多数

【編著者紹介】

大沢 裕（おおさわ・ひろし）［第1章］
　帝京科学大学こども学部教授
　[**主な著書**]『保育用語辞典』（共編著、一藝社、2006年）、『子どもと教育』〈子ども学講座5〉（編著、一藝社、2009年）ほか多数

高橋 弥生（たかはし・やよい）［第2章］
　目白大学人間学部教授
　[**主な著書**]『データで見る幼児の基本的生活習慣〔第2版〕』（共著、一藝社、2009年）、『生活の自立Hand Book ——排せつ・食事・睡眠・着脱・清潔』（共著、学習研究社、2009年）ほか多数

【執筆者紹介】

(五十音順、［　］内は担当章)

五十嵐 敦子（いがらし・あつこ）［第15章］
　白鷗大学教育学部准教授

井藤 元（いとう・げん）［第13章］
　大阪成蹊短期大学講師

岡部 佳子（おかべ・よしこ）［第5章］
　聖心女子専門学校専任教員

神戸 洋子（かんべ・ようこ）［第8章］
　帝京科学大学こども学部教授

岸 優子（きし・ゆうこ）［第6章］
　奈良女子大学文学部非常勤講師

宍戸 良子（ししど・りょうこ）［第4章］
　桜の聖母短期大学助教

柴田 千賀子（しばた・ちかこ）［第11章］
　桜の聖母短期大学講師

田中 卓也（たなか・たくや）［第12章］
　共栄大学教育学部准教授

豊田 和子（とよだ・かずこ）［第3章］
　桜花学園大学保育学部教授

野末 晃秀（のずえ・あきひで）［第7章］
　学校法人野末学園中山幼稚園園長

宮野 周（みやの・あまね）［第10章］
　十文字学園女子大学人間生活学部講師

谷田貝 円（やたがい・まどか）［第9章］
　聖心女子専門学校専任教員

吉田 美恵子（よしだ・みえこ）［第14章］
　長崎短期大学准教授

保育者養成シリーズ
幼稚園教育実習

2012年8月1日　初版第1刷発行

監修者　林 邦雄・谷田貝 公昭
編著者　大沢 裕・高橋 弥生
発行者　菊池 公男

発行所　株式会社 一藝社
〒160-0022　東京都新宿区新宿 1-6-11
Tel. 03-5312-8890　Fax. 03-5312-8895
E-mail : info@ichigeisha.co.jp
HP : http://www.ichigeisha.co.jp
振替　東京 00180-5-350802
印刷・製本　シナノ書籍印刷株式会社

©Kunio Hayashi, Masaaki Yatagai 2012 Printed in Japan
ISBN 978-4-86359-047-2 C3037
乱丁・落丁本はお取り替えいたします

一藝社の本

保育者養成シリーズ
林 邦雄・谷田貝公昭◆監修

《"幼児の心のわかる保育者を養成する"この課題に応える新シリーズ》

児童家庭福祉論　　　髙玉和子◆編著
A5判　並製　224頁　定価（本体1,800円＋税）　ISBN 978-4-86359-020-5

保育者論　　　大沢 裕・高橋弥生◆編著
A5判　並製　208頁　定価（本体2,200円＋税）　ISBN 978-4-86359-031-1

教育原理　　　大沢 裕◆編著
A5判　並製　208頁　定価（本体2,200円＋税）　ISBN 978-4-86359-034-2

保育内容総論　　　大沢 裕・高橋弥生◆編著
A5判　並製　200頁　定価（本体2,200円＋税）　ISBN 978-4-86359-037-3

保育の心理学Ⅰ　　　谷口明子・西方 毅◆編著
A5判　並製　216頁　定価（本体2,200円＋税）　ISBN 978-4-86359-038-0

保育の心理学Ⅱ　　　西方 毅・谷口明子◆編著
A5判　並製　208頁　定価（本体2,200円＋税）　ISBN 978-4-86359-039-7

相談援助　　　髙玉和子・和田上貴昭◆編著
A5判　並製　208頁　定価（本体2,200円＋税）　ISBN 978-4-86359-035-9

保育相談支援　　　髙玉和子・和田上貴昭◆編著
A5判　並製　200頁　定価（本体2,200円＋税）　ISBN 978-4-86359-036-6

保育・教育課程論　　　高橋弥生◆編著
A5判　並製　216頁　定価（本体2,200円＋税）　ISBN 978-4-86359-044-1

障害児保育　　　青木 豊◆編著
A5判　並製　208頁　定価（本体2,200円＋税）　ISBN 978-4-86359-045-8

保育実習　　　高橋弥生・小野友紀◆編著
A5判　並製　208頁　定価（本体2,200円＋税）　ISBN 978-4-86359-046-5

幼稚園教育実習　　　大沢裕・高橋弥生◆編著
A5判　並製　208頁　定価（本体2,200円＋税）　ISBN 978-4-86359-047-2

ご注文は最寄りの書店または小社営業部まで。小社ホームページからもご注文いただけます。